La huella morisca

ANTONIO MANUEL

La huella morisca

SÉPTIMA EDICIÓN

ALMUZARA

Primera edición: febrero de 2010
Primera reimpresión: abril de 2011
Segunda reimpresión: mayo de 2018
Tercera reimpresión: septiembre de 2020
Cuarta reimpresión: noviembre de 2021
Quinta reimpresión: junio de 2023
Sexta reimpresión: octubre de 2025

Editorial Almuzara • Colección Andalucía
Edición de Javier Ortega
Diseño: Óscar Córdoba

www.editorialalmuzara.com
pedidos@almuzaralibros.com - info@almuzaralibros.com

Editorial Almuzara
Parque Logístico de Córdoba. Ctra. Palma del Río, km 4
C/8, Nave L2, nº 3. 14005 - Córdoba

Imprime: Gráficas La Paz

I.S.B.N: 978-84-92573-97-4
Depósito Legal: CO-40-10
Hecho e impreso en España - *Made and printed in Spain*

Para Aristóteles Moreno,
mi patria en el exilio.

Uno no escoge el país donde nace;
Pero ama el país donde ha nacido.
Uno no escoge el tiempo para venir al mundo;
Pero debe dejar huella de su tiempo.
Nadie puede evadir su responsabilidad.
Nadie puede taparse los ojos, los oídos,
Enmudecer y cortarse las manos.
Todos tenemos un deber de amor que cumplir,
Una historia que nacer,
Una meta que alcanzar.
No escogimos el momento para venir al mundo:
Ahora podemos hacer el mundo
En que nacerá y crecerá
La semilla que trajimos con nosotros.

Gioconda Belli

La huella morisca...

... no es una visión científica ni erudita de un episodio histórico que ocurrió hace ahora 400 años. Es la revelación de una parte clandestina y traumática de nuestro pasado que aún mantenemos latente en el alma y en las cosas y costumbres y paisajes que nos rodean. Una visión intuitiva de algunas evidencias que no vemos. Un por qué de lo que fuimos y seguimos siendo.

Índice

LA CEGUERA

Dicen: te has quedado ciego.
Digo: ¡qué va!
Ahora veo más que quien ve de verdad:
La negra niña del ojo ha visitado a mi negro corazón
Para desentrañar, los dos juntos, las cosas.

Abu-l- Hasan Al-Husri *(La ceguera)*

EL VELO

Aunque no vivo en Graná
Yo siento la Alhambra

Vicente Amigo *(Paseo de Gracia, La estrella)*

María cumplirá cinco años el mes que viene. Es sincera e imprudente como todas las niñas de cinco años. Su madre la espera en la puerta del colegio. La besa y la peina. Ella sonríe. Se toman de la mano para cruzar la calle, en manada, unos metros por encima del paso de cebra. Luego la sube en el asiento de atrás del *todoterreno* aparcado sobre la acera. Llegan a casa. Y comen con su padre que regresa del trabajo media hora más tarde con aliento a cerveza. La chica de la limpieza ha preparado un guiso. A María no le gusta.

La liturgia del almuerzo comienza con un beso en la mejilla del padre y la narración por la niña de lo ocurrido en clase. Fila. Asamblea. Hablamos del fin de semana. Fichas. Patio. Jugamos. Merienda. Y después entró una seño nueva con un trapo en la cabeza. ¿Cómo?, pregunta la madre. Que entró una seño nueva con un trapo en la cabeza. La madre se aparta bruscamente de la mesa y se atusa el cabello con las dos manos. Adónde estamos llegando, dice. Menudo ejemplo para una niña. Qué valores y qué leche. Dónde se ha visto a la maestra cubierta con una señal atávica y discriminatoria para la mujer. ¿Multiculturalismo? ¿Educación para la ciudadanía? Una mierda.

El padre le recrimina la expresión con una mueca, mirando

a la hija. Y después, mirando a la madre, argumenta que lo peor no es eso. Lo peor es que en el currículo escolar infantil sólo exista una asignatura diferenciada de las demás: religión o historia de las religiones o como se llame ahora. Justo la que no debiera darse en la escuela. Eso no es lo peor, prosigue la madre. Lo peor es que a tu hija le da clase una mujer con un velo en la cabeza sin que nos hayan pedido permiso. Pero esto no va a quedar así. Mañana mismo hablo con el director. Y tú, niña, ¿te vas a comer eso o no? Ya te he dicho que no me gusta mamá, le reprocha. Vale, ahora le digo a la chica de la limpieza que te fría unas patatas con tal de que me dejes tranquila.

El director la recibió amablemente a primera hora. Es joven. De unos 35 años. Con vaqueros y camisa por fuera. Antes de cederle la palabra, felicita a la madre por interesarse en la educación de su hija. ¿Qué desea? A mi hija le está dando clase una mujer con un velo en la cabeza. Y yo creo que para ser maestra en nuestro país debería integrarse con nosotros y respetar nuestras costumbres. Porque para mí el velo es un símbolo de opresión machista. Algo así como tirar a la basura los siglos de lucha por la igualdad de las mujeres en el mundo civilizado. Mire, le contesta el director, yo creo que es un ejemplo de respeto y tolerancia. ¿Y a mi hija quién la respeta? ¿Y a mí? Ahora mismo presento una queja a la asociación de padres, al ministerio, al juzgado, donde sea, pero yo no quiero que mi hija vea normal lo que no es normal.

Buscó a su vecina que también tiene un hijo en la misma clase y le contó el caso. La vecina llamó a otra y ésta a otra. A la salida del colegio se juntaron una docena de madres con una pancarta. Irrumpieron en el patio gritando contra el director y por los derechos de las mujeres. Entraron en el aula de infantil. Sin llamar a la puerta. La maestra estaba sentada. Tenía un velo en la cabeza. Era monja.

Podría haber sido judía. En 1984, mis compañeros de bachillerato y yo nos burlábamos de una profesora que se cubría la cabeza con un pañuelo. La tomamos por loca. Y quizá lo estaba. Paseaba a su perro con una cubeta amarrada al pescuezo. Era inglesa. Luego nos dijeron que bajo el pañuelo ocultaba un número en tonos azules. Se lo tatuaron en un campo de exterminio nazi. Nadie le vio jamás la frente desnuda. A decir verdad, ignorábamos si era judía o no. Se daba por supuesto. La ignorancia es cruel por naturaleza.

También podría haber sido una enferma de cáncer. Infinidad de mujeres que pierden el pelo a consecuencia de la quimioterapia se cubren la cabeza con un pañuelo. O una mujer vestida a lo Audrey Hepburn, Silvana Mangano, Catherine Deneuve, Grace Kelly, Penélope Cruz... O, sencillamente, una mujer con pañuelo.

En cualquiera de estos casos, a nadie se le habría pasado por la cabeza calificar su aspecto. Pero no ha sido así. Reconozcámoslo. La inmensa mayoría pensó que la maestra era musulmana. Y pensó mal. No sólo porque errase en el pronóstico (podría haber sido musulmana igualmente). Pensó mal porque sus prejuicios le impidieron ver y opinar otra cosa. Como si padeciera una islamofobia congénita que le cegara los ojos y el cerebro. Una pandemia que sufren muchos ciudadanos «occidentalizados», primermundistas, en muchos casos históricamente alejadísimos de la civilización islámica. A su pesar, por supuesto. Y no porque Occidente e Islam sean conceptos antagónicos. No. Sólo distintos: uno es geográfico y el otro religioso. Colocarlos frente a frente, en un mismo plano civilizatorio, constituye una incorrección premeditada. Maligna. Pues rechaza por definición que un musulmán pueda ser occidental y viceversa. Hoy ya no es así. Ni antes lo fue. Especialmente en la península ibérica, ubicada a todos los efectos en el occidente europeo y mediterráneo, pero con una larga y honda presencia islámica en sus entrañas.

Desgraciadamente, tampoco los españoles estamos vacunados de esta enfermedad mental. Más bien, justo lo contrario. Me avergüenza que nuestro imaginario colectivo continúe infestado con este virus intolerante hacia lo que nos es tan propio. Siento pena al contemplar como nosotros, palimpsestos humanos de tantas culturas, organizamos manifestaciones contra la implantación en nuestros barrios de Mezquitas o Sinagogas o asentamientos gitanos o de (in)migrantes. Nosotros que somos los europeos occidentales que mejor podríamos pensar y hablar sin prejuicios sobre mujeres con pañuelo.

Si doblásemos un papel en cinco partes proporcionales

a la duración de los últimos macro-periodos políticos de la historia de España, sin contar los paréntesis bélicos y dictatoriales (Hispania Romana, Hispania visigoda, Al Ándalus-Reinos Católicos, Monarquías austro-borbónicas y Constitucionalismo en sus distintas versiones), comprobaríamos que la franja más ancha corresponde a la etapa andalusí. Tomando como referencia las fechas clásicas de la historiografía oficial, Al Ándalus habría durado casi ocho siglos (711-1492) frente a los seis de la Hispania Romana (211 a. C.- 409 d. C). Quede claro que todos estos periodos políticos no afectaron por completo a la península, ni uniformemente allí donde lo hizo.

Sin embargo, en términos civilizatorios (infinitamente más acertados que los políticos), la huella islámica es aún mayor. Sin negar la simiente de las culturas protohistóricas, el alma hispana es hija del encuentro y la ósmosis de las civilizaciones latino-romana y arabo-andalusí, transidas además por el Cristianismo, Catolicismo, Judaísmo y el Islam. Y si admitimos que la huella latino-romana permaneció en la península durante la Hispania Goda, con la misma lógica habría que afirmar que la presencia islámica se mantuvo cuando menos hasta 1614, fecha de la definitiva expulsión de los moriscos. En total, más de nueve siglos. Y de nuevo volveríamos a mentir: primero, porque los periodos civilizatorios nunca son totalmente puros; y segundo, porque las culturas no se derogan como las leyes, ni se derrocan como los regímenes políticos, ni mueren como las mariposas de un día para otro. El minoritario catolicismo de Recaredo convivió con la mayoría arriana, judía y pagana. Y el Islam lo hizo de puertas afuera con el catolicismo de los Reinos fronterizos, y de puertas adentro con el judaísmo sefardí o el cristianismo mozárabe. Y en ambos casos, los ecos sobrevivieron a sus voces.

Sea en términos políticos o civilizatorios, la huella arabo-islámica andalusí es innegable e indeleble en el alma hispana, por más que se hayan empeñado durante siglos en infundirnos lo contrario. Por eso entiendo natural que nuestro subconsciente asocie la imagen de una maestra con pañuelo con la de una mujer musulmana. Lo que no debe admitirse como algo normal es que todavía se le siga añadiendo un deleznable juicio de valor. Cada vez que aventamos nuestra intolerancia, premeditadamente o desde la ignorancia consentida, estamos proclamando la vigencia mental de rescoldos inquisitoriales en pleno siglo XXI. Y aunque me duela admitirlo, en parte es cierto. Sólo en parte. Porque reconozco la vigencia, pero rechazo su victoria.

Podría citar mil ejemplos de prejuicios en cascada. Negros que discriminan a negros. Poetas a poetas. Políticos a políticos... Virginia Woolf condenó la insoportable humillación de la mujer en la sociedad británica, sin percibir la que ella misma ejercía sobre las mujeres de su servicio. Se sentía discriminada como mujer, y discriminaba como burguesa. Igual ocurre con el alma hispana respecto de su huella multicultural. Aquellos que insultan a otro llamándolo moro o marrano, son los mismos que componen su nombre social con apodos o utilizan el nombre de *Allah* para exaltar lo sublime en un campo de fútbol o en una plaza de toros. Sin saberlo, por supuesto.

En consecuencia, el velo no está en la cabeza de la monja, sino delante de nuestros ojos. Un velo que nos impide ver lo evidente y nos hace ver lo inexistente, lo irreal, lo imposible. Y son evidencias invisibles las distintas teselas civilizatorias que componen el mosaico del alma hispana. Especialmente, las judeo-musulmanas. Esas que nos ha intentado borrar del corazón, de las manos, de la cabeza, de la lengua. Esas que, a pesar de todo, habitan en una zona clandestina de nuestra memoria íntima a la que yo llamo tercera España. Y que demuestran por sí solas el fracaso de la expulsión de judíos, moriscos y gitanos. El fallido intento de exterminar la diferencia.

Este no es un libro de historia. Tampoco un ensayo político. Sinceramente, no sé lo que es. Pero sí sé lo que pretende conseguir: descorrer ese velo de prejuicios que nos colocaron en los ojos y de esta manera aprender a ver lo evidente. Actuará como un espejo. Como una radiografía mística. Y cuando nos hayamos reconocido en ella, comenzaremos a recomponer la biografía sentimental de quienes siempre hemos habitado en la península. Por esta vez, en lugar de escribir encima de lo que otros ya escribieron, intentaré aflorar un poco de lo mucho que nos ocultaron. Apenas citaré unos átomos del universo sensorial que inunda nuestras almas. Prepárense. Les voy a rasgar las córneas.

EVIDENCIAS INVISIBLES

Ni en las cartas ni en los astros aparece una verdad
Que la tenemos delante y no queremos ni mirar

Arcángel *(Si nos diera por pensar)*

Tenía 13 años cuando descubrí que las camas no se hacían solas. Las hacía mi madre. También ella preparaba la comida y recogía la mesa y fregaba el suelo y los platos y lavaba y tendía la ropa. Sola. O con mis hermanas. Nadie me había explicado por qué yo no tenía que ayudar en casa. Ni mi padre. Ni mi hermano. Tampoco yo me lo preguntaba. Las camas se hacían solas.

Con 25 somaticé la discriminación que padecen muchos homosexuales. Fue en Barranquilla. Colombia. Compartía habitación con Alex y su dolor como si fuera mío. Su aislamiento. Su silencio. Alex no podía confesarlo en su propia casa. En la Universidad. Ni a muchos de sus amigos. A mi sí. Yo era un desconocido que desaparecería de su vida en menos de dos meses. Después de revelarme su secreto, Alex y todo lo que sentía dejó de ser insensible para mí.

Con 28 supe que mi padre también era hombre. Que no era perfecto. Ahora yo soy padre. Imperfecto. Y hombre. Con 30 aprendí que la magnitud del daño no la mide quien lo causa sino quien lo sufre. Yo era Juez de Paz y ella declaró con el cuello y los hombros cubiertos por un pañuelo. Su marido la esperaba en casa. Una semana después me retiró la mirada. Y la denuncia. Ayer tomé café frente a una anciana indigente tirada en el suelo con la mano abierta. Y sólo yo la veía.

Decía Salvador Espriú que la verdad es un espejo roto en mil pedazos. Y se le olvidó añadir que provoca un sufrimiento insoportable cuando se clava en los ojos de quien la descubre de repente. A mí me ha ocurrido. Y aún me duele. Parece mentira que no viera la discriminación que padecían mi madre y mis hermanas en mi propia casa. Parece mentira que no viera el drama de mis amigos homosexuales con los que compartí tantas horas de mi juventud. Parece mentira que no viera a mi padre como hombre. Parece mentira que no viera lo evidente.

Algo parecido me ocurrió con la huella morisca y conversa que invade mi entorno vital desde la infancia. En el azulillo de los zócalos. En las vírgenes del zaguán. En la obsesión perfeccionista de mi padre. En los dulces sin manteca de mi madre. Y en la inteligencia ecológica de ambos aprovechando las sobras de la comida o las piezas rotas... La estética del sufrimiento. La ética de la necesidad. Unas huellas tan hondas como imperceptibles, aunque las estuviera tocando. Mejor que huellas: cicatrices. Porque donde quedan cicatrices, hubo heridas.

Y de entre todas, hay una que todavía sangra en la conciencia de los españoles: la desconfianza hacia el otro. El resentimiento. Ese odio irracional a lo distinto que convive con la contradictoria cobardía a señalarse. Las dos Españas de antes y ahora. Y la tercera que mira a ninguna parte. Escondida todavía. Como si no hubiera existido nunca.

Todas estas cicatrices tienen origen en la misma herida. Una llaga inmensa en mitad del pecho que muy pocos ven ni admiten. ¿Por qué? ¿A qué se debe esta epidemia de ceguera psicológica?

A dos razones:

Primera, la construcción de una falsa identidad nacional española basada en el rechazo de la diferencia, a partir de la negación de nuestro pasado intercultural y la destrucción de su prueba. Especialmente grave fue y sigue siendo la mutilación del hecho islámico. Una siniestra estrategia de profilaxis social e ideológica, sin equivalente hasta la última guerra civil, alentada desde la Iglesia-Estado con la aviesa confusión entre credo y sangre: si no eres católico, no eres español. Una sinrazón que mató fuera de España a cientos de miles de españoles por ser hijos o nietos de musulmanes o judíos. A otros los mató dentro. Y a todos los mató de pena.

Segunda, la increíble justificación de este genocidio humano y cultural sobre dos mentiras que muchos han terminado creyendo como dogmas de fe: la «invasión árabe» de la Península Ibérica y su posterior «Reconquista». La invasión más rápida de la historia de España frente a la conquista más lenta de la historia de la Humanidad. Un catálogo de falsedades que el miedo y la represión inquisitorial elevaron a imperativo categórico hasta convertir la evidencia en invisible. Hasta hacer de la mentira la única verdad, genéticamente instalada en el ADN de los españoles.

Ambos motivos se retroalimentan y se expanden como un melanoma. Los dos han convertido España en un enfermo mental con un insufrible complejo de personalidad. Y los dos comparten el mismo virus y fecha de contagio: la definitiva expulsión de moriscos, gitanos y sefardíes.

El trauma que ha marcado para siempre el historial psicológico de los pueblos de España.

LA TERCERA ESPAÑA

Se dice que si uno no quiere dos no se pelean.
No sé si es verdad.

Señor Chinarro *(Amores reñidos)*

Mentía Machado. No hay dos Españas: hay tres. O ninguna.

Una España nació en 1492. La otra murió en 1614. Pero ni aquélla terminó de matar. Ni ésta de morir. Entre la España uniforme y represora surgida de la definitiva conquista territorial de Al Ándalus, y la España diversa y reprimida que muere con la expulsión de los moriscos españoles, hay una tercera España traumatizada y clandestina. La verdadera España, si es que la hay.

1492 parió mellizos. Mejor dicho, una muñeca rusa: el Estado integrista católico-español embarazado del *alien* inquisitorial. Un Estado dentro de otro. A cuál más temible y temido. Se recrudece entonces el proceso ya comenzado de asimilismo político-religioso por el que se condena a los conquistados a parecerse a sus conquistadores. Por dentro y por fuera. El principio del fin de la España andalusí.

Hispania era la adaptación latina de Hespéride (matriz fonética también de Sefarad para los judíos ibéricos), y el nombre de la unidad geopolítica que mantuvo Roma sobre sus dominios en la península. Enjuiciada con los ojos de entonces, la globalización romana fue pionera y modélica al compatibilizar su expansión civilizatoria con cierto respeto a la diversidad de sus pobladores. En lo cultural y en lo jurídico. Sobre todo, allí donde el sustrato humano lo permitía. En la Bética, por ejemplo. Hacia el año 300 d. C., los habitantes del sur peninsular ya pronunciaban *España,* aunque se escribiera Hispania. En aquel latín provinciano y vivo, *ni* ante vocal sonaba *ñ,* y la *i* se pronunciaba como *e.* Esta noción (que no nación) de España surgida de la interculturalidad romana, entró en declive precisamente cuando una facción de la monarquía visigoda impuso la uniformidad católica. La inevitable guerra civil se decantó a favor de la *España* diversa de la que Al Ándalus fue su mejor y más digna heredera. La versión en alifato de aquella noción plural de Hispania. Con la frialdad sin prejuicios del historiador distante, Baldinger decía que «*por España se entendía en la Edad Media casi exclusivamente la España árabe (sic), mientras que los españoles cristianos se llamaban, para diferenciarse, castellanos, leoneses, aragoneses...*».

Curiosamente, el gentilicio *español* proviene del sur de Francia, del Languedoc, y data del siglo XI. Fue el suizo Paul Aebischer quien demostró la desconfianza de Américo Castro sobre la procedencia hispana del único gentilicio de nuestra lengua que termina en «ol». El provenzalismo se sobrepuso al minoritario «españón», y sirvió inicialmente a los occitanos para designar a sus católicos vecinos. El gentilicio extranjero empezó a generalizarse entre los conquistadores a medida que la península dejaba de ser sinónimo de la España andalusí. Con el tiempo, el nombre fagocitó al concepto hasta darle la vuelta como un calcetín. El que muchos rechazan. Yo el primero.

En consecuencia, un gentilicio extranjero mutila el concepto que matiza. La identidad española deja de ser el todo para convertirse en la parte. Una metonimia impuesta e impostada. La cepa del mal que ha acompañado secularmente cualquier intento de configuración plurinacional del Estado. Los vencidos no católicos pasaron a ser apátridas en esta nueva España. Ciudadanos de ninguna parte. España decide desprenderse de la naturaleza inclusiva de Al Ándalus. Se españoliza. Y se define por exclusión.

Por eso no hay un año de la Hispanidad: 1492 fue el de la españolidad adulterada; y 1614 el de la «deshispanidad». A menos que forcemos el concepto de Hispanidad para bautizar con ese nombre al proceso colonizador, de exterminio humano y cultural, de la España católica en América. Paradójicamente, justo cuando se conmemora. El 12 de octubre. El día del descubrimiento. El día de la conquista. El que fuera día de la raza. Española. Pura. Católica. Celebrado todavía como fiesta nacional con salvas de cañón y pases militares. Yo no creo en esa españolidad parcial y excluyente, pero sí en una Hispanidad diversa que, tras aceptar los errores del pasado, incluya en el mismo plano de igualdad a las todas las identidades colectivas peninsulares e insulares, y a nuestros hermanos americanos, marroquíes, saharauis, guineanos, portugueses... y descendientes de sefardíes y moriscos. En ese desfile participaría. Con una flor en la mano.

La España morisca no existía ontológicamente como tal a la caída de Granada. Fue una invención política de la Iglesia-Estado a imagen y semejanza de la mujer-máquina de *Metrópolis*. Una categoría artificiosa y tribal creada maquiavélicamente para mediar entre el corazón de los reprimidos y el cerebro de los represores. La antípoda en abstracto de la recién parida y no menos artificial «raza católico-española». El morisco ya no era musulmán pero tampoco parecía lo contrario. Y se ideó el ardid propagandístico de que lo fuera aunque no lo pareciese, con la agravante de su falsa extranjería. El morisco encarnó así el concepto puente entre lo musulmán y lo moro. Sólo que no parecía lo uno ni era lo otro.

La tercera España nace de aquella España morisca. Judía. Conversa. Maldita. Y de la España flamenca que le sucedió después, y que retuvo la esencia diversalista de Hispania y Al Ándalus para encriptarla en las vetas del alma de lo «genuinamente» español. En los olés. En lo flamenco. En el himno nacional. En la Semana Santa. En los santos patronos de la mismísima capital del Estado: San Isidro (del labrador morisco *Idrisi*) y Almudena (de *almudaina* o de *almuédano*)...

La España subliminal que no se ve porque no encuentra espejo donde mirarse.

UNINSTALL

Sólo sin ti puedo ser yo mismo.
Quiero ser yo mismo.

Deneuve *(El amor visto desde el aire)*

Asimilismo. Genocidio. Éxodos. Racismo. Negocio. Fracaso. Trauma. Amnesia. Neurosis. Resiliencia... No es fácil instalar estas aplicaciones en el sistema operativo de la historia oficial de España. Lo suyo sería formatear el disco duro. Vaciar por completo nuestra memoria colectiva y reinstalar en ella un nuevo *software* libre, abierto y plural. A tal fin debería producirse una catarsis social que nos pusiera el alma encima del pellejo. Protagonizaríamos el pasado. Y sobrarían las palabras.

También sé que es imposible. O no recomendable. Por eso propongo otro itinerario más lento, menos contundente, aunque no menos comprometido. Suicida a fin de cuentas. El primer paso consiste en rastrear con un antivirus todos los archivos dañados de la historia oficial de España y eliminar los troyanos que nos han hecho creer que la verdad era otra: invasión, reconquista, confusión inducida entre lo musulmán, árabe, andalusí, mudéjar, morisco, moro...

Después rescataremos los archivos ocultos del sistema que contengan vestigios del fracaso de la expulsión y del trauma de su permanencia, tan evidentes como invisibles. Comprobaremos el número y sobre todo su impacto en nuestra personalidad propia y comunitaria. Y así demostraremos que fueron muchos, muchísimos, los conversos españoles que se ocultaron en la península. Y más, mucho más, la hondura cultural y civilizatoria que no entiende de razas ni religiones.

Para certificar el origen morisco de la huella, nos será de gran utilidad compararla con las que todavía quedan intactas en los lugares de destierro allende la península. Allí donde los efectos asoladores de la uniformidad cultural planetaria aún no han calado lo suficiente. Por ahora.

Necesitaremos una nueva aplicación de lectura para abrir y decodificar esos archivos ocultos. Porque detrás de cada actitud de resistencia morisca, se esconde una manifestación concreta de la superación del trauma. A tal fin bucearemos en otros modelos similares de represión. O mejor aún: en situaciones parecidas de salida. Como la que sufren los homosexuales o las mujeres en contextos sociales discriminatorios. O la que sufrieron los republicanos durante la posguerra. Y psicoanalizaremos comparativamente a los muchos que decidieron quedarse para comprender por qué actuaron así en defensa de su Yo individual y colectivo.

Si somos capaces de aprender a mirar con otros ojos la huella morisca que no veíamos, la que surge precisamente de la fractura más determinante de la historia de España, quizá nos llevemos algo mejor entre nosotros. Porque sabremos quiénes somos. Será como instalarnos en el alma una versión superada del sistema operativo. Reconocer nuestra identidad hibernada. Ese es el reto.

DJUDÍO

Torno e digo que va a ser de mí,
en terras ayenas yo no me vo morir

(Árboles lloran por lluvias, Romance popular en djudezmo)

No encuentro mejor metáfora para describir lo que pienso y siento sobre el vestigio cultural de los judíos hispanos, que la emocionante escena que vivió Blas Infante en las montañas cercanas a Marrakech. Voy a reproducir sus palabras. Y quiero que antes de leerlas se coloquen en el pellejo de cualquier español en esa fecha. Tras los desastres de Annual y Monte Arruit. En guerra permanente con Marruecos. El odio al moro se había multiplicado exponencialmente por el número de heridos y muertos en el campo de batalla. Y aún así, Blas Infante cruzó el estrecho, el desierto, y escribió esto:

«El año 1924, me determiné a reanudar las peregrinaciones que nuestros padres hicieron durante algún tiempo a la tumba de uno de los hombres más representativos del espíritu de nuestra tierra: *Abul Kassen ben Abbad, Al Motamid,* Rey verdadero de Sevilla, Córdoba, Málaga y del Algarbe. El último peregrino había sido un hijo de mi Serranía de Ronda, *Algatib,* Ministro del Sultán de Granada, en el siglo XIV. Seis siglos sin que Andalucía enviase un *saudad* en el cuerpo vivo de uno de sus hijos al sepulcro del Rey Poeta, que murió en el destierro lejano invocándola en sus versos dolorosos.

Merced a una serie de coincidencias afortunadas que cuento

en un escrito, aún inédito, que será capitulo de mi *diwan* de peregrinaciones, pude llegar a encontrar la tumba del Rey en el derruido cementerio de la arruinada Agmat, al sur de Marrakech, en la vertiente sobre Marruecos del Alto Atlas.

En mi viaje me acompañaba un intrépido muchacho catalán, gran espíritu, José Luis García Vidal, hoy residente en Oporto. Llegamos a Agmat el día 15 de Septiembre. Allí no había europeos, civiles ni militares cuyas líneas habíamos dejado atrás.

Solos, con un guía que nos prestó una kabila próxima y un intérprete oraní, sin cartas de presentación ni de referencia, no llevábamos más arma ni más guarda, ni más brújula que nuestro entusiasmo y el nombre de Al Ándalus, que desvanecía los recelos, apaciguaba las irritaciones que nuestra audacia despertó alguna vez, y nos habría, por último, las puertas de aquellos campesinos montañeses quienes tan pródigos fueron en su hospitalidad. Pues durante todo el tiempo que estuvimos en la tumba arruinada, que cuidaba un descendiente de *Al-Motamid*, de la familia campesina de Agmat-Omar, yo me sentía obsesionado por una idea que allí brotó en el silencio conmovido de mi ser, idea que se expresaba en esta palabra insistente que en aquellos instantes no me podía explicar: Judío».

El elemento judío es clave para comprender la evolución cultural de los pueblos de España. Tan odiado como el musulmán. Puede que incluso más. Pero con la diferencia de no haber sido vencido como aquel, al menos en el concepto bélico convencional. Porque no hubo una guerra contra la nación geográfica de los judíos españoles (Sefarad coincide con las aristas del mapa peninsular), sino una persecución permanente contra su nación humana y los ecos y las huellas de la misma.

La presencia judía en la península podría remontarse a la Tartesia. No voy a entrar en conflictos documentales, ni en carbonos 14. Sin duda, ya había judíos peninsulares en el siglo primero antes de Cristo. Teniendo en cuenta que los procesos inquisitoriales persiguen a los judaizantes hasta bien entrado el siglo XIX, nadie puede negar que se trata de uno de los pueblos étnico-culturales más longevos de España. Y aunque sólo sea por puro cómputo temporal, su influencia fue y es más duradera que la islámica. Y que la cristiana. Sólo que ésta se ve y se reconoce;

la marrano-sefardí no se ve pero algo se reconoce; y la morisco-musulmana ni se ve ni se reconoce.

A diferencia del elemento hispanomusulmán, el sefardí ha conseguido cierto grado de visibilidad y reconocimiento jurídico y cultural en el imaginario español. Por ejemplo, llamamos Juderías a los barrios donde ciertamente cohabitaron sefardíes aunque rodeados de mayoría musulmana. Si lo piensan un instante, no tiene mucho sentido denominar así al conjunto de calles y casas que abrazan la Mezquita de Córdoba. Como si en esa Judería jamás hubieran vivido musulmanes o lo hubiesen hecho en minoría. La realidad es justamente la contraria. Y la prueba evidente de esta lógica invertida es la existencia de una calle Judíos en la hoy denominada «Judería» cordobesa: en esa calle vivían mayoritariamente judíos, pero dentro de un barrio mayoritariamente musulmán. Quizá lo más acertado y justo sea comenzar a llamarlo «medina-judería».

Algo parecido ocurre con algunos toponímicos, apellidos y sus correspondientes escudos heráldicos plagados de «moros» decapitados. Nadie se sorprende al escuchar un apellido tan bárbaro como «matamoros». El mismísimo patrón de España lo lleva a gala como sobrenombre. Menudo rol siniestro para un santo que campea por nuestras plazas cortando cabezas en nombre de la paz celestial en la tierra. Por el contrario, seguro que nos rasgaríamos las vestiduras si el apellido fuese «matajudíos» o «matacristianos». Hasta la Academia de la Lengua admite el adjetivo «matamoros» para calificar a quien se jacta de valiente. Llama «matajudíos» a un pez. Pero niega la existencia a la palabra equivalente: «matacristianos».

La normalización de la presencia judía en España tiene, a mi juicio, tres hitos relevantes y recientes: la equiparación a efectos civiles de sefardíes con nacionales de países con pasado español; la concesión del Premio Príncipe de Asturias de la Concordia a las comunidades sefardíes; y los Acuerdos religiosos entre judíos y el Estado de 1992, este último coetáneo con los concertados con musulmanes y protestantes.

En efecto, los descendientes de sefardíes también pueden obtener la nacionalidad española tras residir legal y continuadamente dos años en nuestro territorio. Un decreto franquista los homologó a los nacionales de países vinculados históricamente con España. Y es justo que así sea. Pero donde existe la misma razón, debe concederse el mismo derecho. Precisamente, el que no tienen los descendientes de moriscos y de andalusíes-musulmanes, tan condenados al exilio de su patria como aquéllos.

En 1992, con motivo del 500 aniversario de la expulsión de los judíos de la península, el Rey de España pidió disculpas en el Estado de Israel y dos años antes se concedió el Premio Príncipe de Asturias de la Concordia a las comunidades sefardíes. No estaría mal repetir idénticos gestos simbólicos con los hijos de moriscos y de andalusíes-musulmanes, ahora que se cumplen 400 años de unos hechos tan parecidos como infames para la memoria histórica española.

Creo firmemente que el proceso de formateo y reinstalación del sistema operativo mental español, sólo será veraz y completo cuando consideremos la huella marrano-sefardí al mismo nivel que la morisco-musulmana. Aún no se ha escrito el libro que desmenuce nuestro pasado con una misma mirada capaz de ver y entender como uno solo todos los idiomas sensitivos de la Hispania andalusí. Y urge. Necesitamos un manual unitario, sincrético, que entierre para siempre los tópicos sobre unos y otros. Y no lo fue el clásico de Américo Castro «España en su historia. Cristianos, moros y judíos», porque sobraba el término «moro» por peyorativo y faltaban los paganos para completar el mapa religioso peninsular. Tampoco lo será éste. Que nadie se confunda. Aunque cite algunos ejemplos que hilvanan las causas y las secuelas de sendas expulsiones, el nudo de este libro será la huella morisca. Dejo pendiente esa tarea codificadora y unitaria sobre el alma clandestina de los españoles para un trabajo científico posterior.

Blas Infante se preguntó por qué había pronunciado la palabra *Judío* justo delante de la tumba de *Al Motamid*. Quizá se reconoció incompleto. Y encontró la respuesta en su alma:

«No sé. Pero al anochecer, repentinamente —pocas horas después— la palabra que me obsesionó, en la cumbre del *Abbad*, tenía también un sentido. Pensé si serían los antepasados que en el inconsciente duermen, durante la vigilia, quienes revividos por la inmersión o dilución de la conciencia en la solemnidad del instante, emitieron ese mensaje mítico, cuya atención implicó el revolver de la conciencia la cual vino a llenar por entero *Judío.* En efecto, como el pueblo judío es el pueblo andaluz, arrojado fue de su patria por el espíritu del imperio romano, representado por los reyes españoles, y unos moran, todavía, en hermanos o extraños países y otros, los que quedaron y los que volvieron, los jornaleros moriscos que habitan el antiguo solar, apartados son inexorablemente de la tierra que enseñorean, aún, sus conquistadores. Y es preciso unir a unos y a otros. Los tiempos cada día serán más propicios».

Que así sea.

MORENO DE VERDE LUNA

No fueron los judíos ni los moros
Fueron los reyes cristianos
Ella se llamó Isabel
Él se llamaba Fernando
Cuando firmaron la ley
No le temblaron las manos.

Félix Grande/El Lebrijano *(Persecución, Tientos)*

La nación gitana constituye la reserva étnica de la tercera España. Al igual que moriscos y judíos, el pueblo gitano también sufrió persecución por distinto. El racismo de Estado. Con la misma crudeza. Pero a diferencia de aquellos, jamás reivindicó un Estado político. Ni un trozo de tierra. Ni un espacio poético. Sólo libertad. Su única patria. Entre el cielo y el suelo de cualquier parte.

El pueblo gitano es una nación humana. Étnica. Dispersa. Y de piel generalmente más oscura. Morena de verde luna, como diría Lorca. Sin lugar a dudas, una de las claves (junto a la desconfianza hacia el errante) para entender el porqué de una represión tan descarnada como injusta. Las órdenes de asimilación estética contra judíos y moriscos provocaron un efecto *boomerang* en los inquisidores: ya no sabían distinguir a los perseguidos de sus verdugos. Los dos eran iguales. Vestidos y desnudos. Los gitanos, no. En 1216 se ordenó customizar a los judíos para diferenciarlos de la manada: que se colocaran una escarapela en las ropas, que no se afeitaran las barbas, que se apilaran en las mismas calles, que comieran juntos en grupo... Ese mandato sobraba por inútil contra el gitano. Sencillamente, era distinto. De ahí que su persecución, a diferencia de judíos y moriscos, no se practicara con la lengua sino con los ojos. Y a la nación gitana no le quedó más remedio que redoblar su nomadismo para resistir.

El Estado-Iglesia empleó la cruz como una espada contra los gitanos. Y a pesar de todo, la siguen amando. Imagino que ven en ella un espejo del sufrimiento que la propia cruz les hizo sentir. Porque la causa contra el gitano no fue religiosa. No podía serlo. Eran creyentes. Quizá más que sus propios perseguidores. Pero la pureza de sangre veterocristiana, esencial para comprender el exterminio de moriscos y judíos, les cayó a plomo. Y esta vez, por fuera. El racismo por excelencia. De pellejo, no de alma. No podían ser limpios con la piel distinta.

A los Reyes Católicos les cabe el nefando honor de haber dictado también la primera amenaza de expulsión contra los «egipcianos» españoles (tan egipcianos que incluso algunos gitanos muy conocidos se apellidan como el lugar donde se alzan las pirámides de El Cairo). Ocurrió en 1499. El mismo año que ordenaron la conversión forzada de los moriscos. Y en ambos casos invocaron idéntico argumento: una cruzada por la limpieza de sangre. Con relación a los gitanos, los Reyes Católicos se limitaron a seguir la corriente xenófoba que atravesó como un *tsunami* el continente de un extremo a otro, salvo Rumanía. Ya no quedaba sitio en Europa donde pudiera esconderse un gitano. Increíblemente, acusado de hereje. Sirva como ejemplo la Dieta alemana de Spira que justo el año anterior había ordenado el destierro de los gitanos de la Renania y del Palatinado acusados de «traidores a los países cristianos». Aquella Pragmática firmada en Medina del Campo por los Reyes Católicos, establecía una cadena de penas cumulativas para el gitano cada vez que fuera ajusticiado: azotes y destierro para la primera; corte de orejas y destierro para la segunda; y esclavitud vitalicia a favor de quien lo hallase vagando, sin oficio. Y sin orejas.

En 1539, Carlos I concede al gitano que quiera huir un plazo de sesenta días de gracia. Al día siguiente, a galeras. No responde a la casualidad que exista tan importante población gitana en la costa gaditana, si tenemos en cuenta que el Puerto de Santa María fue la base naval para las galeras reales del imperio. Tampoco es casualidad que el cante flamenco de las minas suene a pena negra. A raíz de una petición de los dueños de las canteras de mercurio en Almadén, el rey comenzó a mandar presos de galeras a las vetas mineras de España. El escritor Mateo Alemán retrató las vejaciones animales que padecieron aquellos mineros. No dijo que fueran gitanos. Este retrato hiperrealista lo condensó en una *información secreta* en calidad de supervisor. Un texto que lo convirtió en maldito como a tantos heterodoxos españoles que se atreven a decir la verdad. Que se limitan a escribir lo que ven sus ojos. Antes y ahora. El círculo se cierra siglos más tarde, cuando Demófilo recopila cantes que afloran la raza de aquellos mineros: «*los gitanillos del Puerto/ fueron los más desgraciaos/ que a las minas del azogue/ se los llevan sentenciaos/ los gitanillos del Puerto/ fueron los más desgraciaos/ que se pueden comparar/ con los que están enterraos*».

Los nazis acabaron con medio millón de gitanos. Y no dudaron en utilizar la estrategia inquisitorial como fuente de su inspiración asesina. Por ejemplo, copiaron la separación de «machos y hembras» con el fin de extinguir la raza, ordenada contra los gitanos por Felipe II en 1594. A imitación de los decretos de expulsión de moriscos y judíos, las Cortes de Madrid deciden en 1619 no dar al gitano más opciones que el exilio o la muerte. Ese mismo año, Felipe III les conmina a residir en villas con más de mil personas como mecanismo de control y erradicación del nomadismo. Eso explica la concentración gitana en los arrabales de las ciudades españolas y andaluzas, en especial Sevilla y Granada, Triana y Sacromonte. En un intento banal y estúpido de asimilismo, el monarca también les fuerza a vestirse a la castellana, a omitir sus nombres y a no usar su lengua. Los trató como a moriscos. Quizá porque la nación gitana cobijó a los conversos de más costosa adaptación. A Blas Infante no se le escapó este detalle, y en sus escritos nocturnos e inéditos se dedicó a comparar el árabe morisco con el caló de los gitanos. Carlos II concluyó el hermanamiento entre la nación morisca y gitana al obligarles a trabajar sólo y exclusivamente como jornaleros. Unos y otros, moriscos y gitanos, compartieron la misma causa y las mismas consecuencias. Y unos y otros crearon en simbiosis la obra maestra del arte popular hispano: el flamenco. Sólo que ya no quedaban moriscos visibles. Pero gitanos, sí. Siempre.

La represión legal, los insultos, las vejaciones y la propaganda antigitana continuaron hasta la primera república. Fracasados todos los intentos de expulsión, la Iglesia-Estado se obsesionó en controlarlos, tenerlos ubicados, sedentarios, fijos. Los payos y castellanos que ayudasen a un gitano también serían torturados y encarcelados. Confiscaron todos sus bienes. De ahí que el gitano lleve consigo todo su patrimonio colgado del cuello. En verdad, el poder sólo pretendía vaciarles el alma, obligarles a que dejaran de ser lo que son. No hay mayor castigo para un gitano que encerrarlo entre cuatro paredes y cambiarle las estrellas por un techo.

Felipe V elevó la crueldad hacia el gitano a un infierno que Dante no pudo imaginar. La negación de su condición humana. Les cerró las puertas de los juzgados (como víctima, testigo y culpable), y permitió su caza como a perros dentro de las Iglesias. El más criminal de los asesinos, el parricida violador e incestuoso de un recién nacido, tenía más derecho que un gitano a ser protegido por el catolicismo. Como si el gitano no fuera creyente. Qué país de locos. A moriscos y judíos les obligaron a entrar en la Iglesia por infieles, y a los gitanos los sacaron de ella por gitanos.

Todo en balde. El gitano ama a Cristo tanto que lo cree gitano. Y aún así los persiguieron en una cruzada esquizofrénica en nombre de la misma cruz que adoraban y padecían. No eran musulmanes. Ni judíos. Ni protestantes. Ni herejes. Eran cristianos de otra raza. Algo intolerable en una España integrista que censuraba a sus hijos según el color de su sangre o de su piel. El gitano radicalizó su esencia nómada, libre y racial en señal de resistencia. Lo condenaron a ser lo que es. Y ha ganado la batalla. *¡Oh pena de los gitanos! ¡Pena limpia y siempre sola! ¡Oh pena de cauce oculto y madrugada remota!*

LA DECONSTRUCCIÓN DE AL ÁNDALUS

Vienes del este
Vas hacia el oeste
Perdiste el norte justo en el sur.

Facto Delafé y Las Flores Azules *(La luz de la mañana)*

Cuando niño me encantaba pisar las huellas que otros dejaban en la arena. Unas veces, la mayoría, mis pies encajaban holgadamente dentro de pisadas ajenas. Otras, no. En el primer caso, mi huella no existía. Y sin ella, tampoco yo. Era como jugar a fantasmas. En el segundo, desfiguraba las huellas de otros con las mías. Y nadie podía demostrar que caminé por la playa. El fantasma de antes se había transformado en un monstruo de pies deformes. Dos pruebas y dos mentiras. La única verdad era lo único indemostrable: sólo yo estuve en la playa. Un ser mitad fantasma, mitad monstruo.

Al caer la noche, cuando ya se habían ido todos, me sentaba cerca del agua. Y estrenaba huellas sobre la arena recién mojada, limpia. Las nuevas se bastaban por sí solas para evocar el recuerdo de mi presencia. Tan cierta como efímera. Eso creía entonces. El estertor de las olas en bajamar terminaba por borrarlas de la arena. Y de mis ojos. Pero no de mi memoria.

Coincido con González Ferrín en definir Al Ándalus como un componente más de la historia de España. De Europa. De «Occidente». Por ahora, el de mayor duración. Uno de los más influyentes. Y sin duda, el más tergiversado y desconocido entre los españoles y europeos. Por eso creo necesario deconstruirlo en nociones básicas para facilitar su comprensión, asumir su esencia, recomponer nuestro pasado y reinterpretar nuestro presente. La huella morisca sólo permanece en la playa de Al Ándalus. Y para que pueda ser reconocida hoy en día, la arena debe estar a un lado y el agua al otro. Y que nadie pise encima. De ninguna de las maneras.

Al Ándalus, el Islam y la cultura árabe, no se propagan instantáneamente por la península en el 711, ni desaparecen para siempre en 1492, por la misma razón que no se tiene conciencia propia al nacer, ni nuestra proyección personal termina con la muerte. En primer lugar, porque la historia (como canta Jorge Drexler) es una red y no una vía. Y en segundo lugar porque lo andalusí, lo islámico y lo árabe, no constituyen un *pack* indivisible. Son tres conceptos distintos, aunque habitualmente vinculados. Como tres perlas ensartadas en un mismo collar, donde puede haber otras y faltar algunas.

Se llamó Al Ándalus a la ordenación geopolítica que sustituyó poco a poco al desorden final visigodo. Aunque jalonada académicamente en un puñado de etapas incomunicadas entre sí como los cajones de una cómoda, en verdad Al Ándalus se pareció más a un ectoplasma en constante mutación durante sus casi ocho siglos de vigencia oficial. Una nación de cuerpo flexible y alma caleidoscópica, donde casi siempre pudo el goce de lo poseído al goce de la posesión.

El Islam fue su religión mayoritaria, la confesión de sus gobernantes, y el contexto que permitió la diversidad moral dentro de sus fronteras. Con claroscuros, por supuesto. Es cierto que el diálogo interreligioso o la convivencia idílica en Al Ándalus fueron solo un mito. En ocasiones, fratricida. Intermitente. Pero convivencia a fin de cuentas. La misma que dejó de existir por decreto y por cojones con el negocio de la expulsión. Sólo un ignorante se atrevería a mirar el pasado con los ojos del presente para juzgarlo con la declaración de los derechos humanos en la mano. Y lo es de primer grado quien comprime ocho siglos en una caja de zapatos. O quien cuestiona la luz prodigiosa que irradió la interculturalidad andalusí, afirmando a la vez su identidad españolista surgida precisamente de la depredación de la diferencia.

Por último, lo árabe alude a las expresiones culturales incubadas y difundidas por los pueblos de la región planetaria y lengua con ese mismo nombre. Por extensión, también se llama árabe a la cultura proyectada por aquellos pueblos posteriormente arabizados. Es cierto que el árabe es la lengua del Corán. Pero en Al Ándalus se hablaba otra lengua cuando llegó el Corán. Y no eran árabes quienes la hablaban.

Podría poner mil ejemplos para esclarecer este pertinaz malentendido. El *Mihrab* de muchas Mezquitas andalusíes no está en *qibla.* No apunta a la Meca. Suele estar orientado hacia oriente. Hacia la salida del sol. Como enseña Cossío para las plazas de toros. Como la práctica totalidad de los templos preislámicos de la península donde encontraron acomodo las iglesias cristianas y luego las primeras mezquitas andalusíes, indudablemente islámicas, pero no árabes en puridad. El *Mihrab* de la Mezquita de Córdoba apunta al sur. Y en la perpendicular se ubica el altar de la Catedral cristiana que *okupa* sus tripas. Ambos monumentos marcan la ordenada y la abscisa del eje axial para el creyente ecuménico. Apuntan al ombligo sentimental del paradigma andalusí. Y una manada de ciegos sigue sin darse cuenta.

Algo parecido ocurre con esas ermitas ubicadas en lugares de culto milenario, adaptadas después por mozárabes para el rezo cristiano con técnicas arquitectónicas aparentemente importadas. Pero el imprescindible Olagüe, y antes el andalucísimo Lorca, demostraron que el arco de herradura ya se usaba en la península con anterioridad a la influencia orientalizante. Antes de la llegada del Islam. En consecuencia, estas iglesias eran andalusíes. Quizá árabes. Pero nunca islámicas.

Los denominados baños árabes son las mismas termas de la cultura romana que ya existían antes de la supuesta invasión, con sus tres pilones de agua caliente, templada y fría. Y las mismas que continuaron utilizando los habitantes de Al Ándalus de cualquier condición política o religiosa. A menos que ya se comercializara por entonces la máquina del tiempo de Wells, resultaría metafísicamente imposible llamar árabes a esos baños. Mejor termas andalusíes. Yo prefiero llamarlas de la Cava. No como sinónimo de cementerio (sorprende el parecido entre el verbo cavar y la palabra *qabr* que significa tumba en árabe). Sino en el sentido estrictamente latino de dependencia donde se cuidaba del agua y del vino que bebían los emperadores y posteriormente emires, califas y reyes. En cualquier caso, hemos asimilado el término árabe para los baños debido a la premeditada equiparación de lo musulmán con lo forastero, unida a la repugnancia por la higiene de los conquistadores católicos. Tanto es así, que casi los destruyeron en su totalidad. Limpios de sangre, pero sucios por fuera.

Las monedas del primer Al Ándalus contenían gacelas en el anverso. Como los surtidores de Medina Azahara o de la Alhambra. Representaciones figurativas prohibidas por el Islam: nadie puede arrogarse por imitación potestades divinas. Esas monedas y surtidores eran andalusíes, puede que árabes, pero no creaciones del Islam ortodoxo.

Alarifes musulmanes emplearon arabescos y la lengua coránica como elementos decorativos en la construcción de sinagogas. No eran islámicas, pero sí andalusíes…

En definitiva, lo andalusí, lo islámico y lo árabe, no siempre fueron de la mano, ni caminaron al mismo ritmo por la Península ibérica. Se adelantó el trance político, y más tarde llegó el religioso, el idiomático y el cultural.

Por simple sentido común, la ósmosis del Islam en los habitantes peninsulares no se produjo automáticamente, sino de manera lenta y progresiva. Tampoco fue total. Ni impuesta. Por varios motivos:

1. Los primeros portadores del monoteísmo islámico eran tan minoritarios como la dividida monarquía visigoda y la jerarquía trinitaria católica.
2. La cultura y religión islámicas estaban en formación en sus propios lugares de origen.
3. El vacío de poder dejado por la guerra civil entre godos agudizó una situación prolongada de anarquía que favoreció la reorganización política por la nueva élite gobernante.
4. La mayoría de la población autóctona no entendía de

problemas teológicos más allá del dualismo de sus ritos ancestrales (hombre-mujer; sol-luna), que los nativos asumieron a su manera en el priscilianismo y arrianismo.

5. Rechazo popular a la dureza de las normas convivenciales trinitarias de los primeros concilios católicos en Toledo o Elvira…

En consecuencia, Al Ándalus y el Islam hispano nacen y crecen en simbiosis sobre el sustrato culto de la población autóctona romanizada. Especialmente en la Bética, única provincia senatorial de la Península, madre de Séneca y de los emperadores Adriano y Trajano. Eso explica muchas de las peculiaridades culturales y políticas del Islam andalusí con relación a la ortodoxia musulmana que al mismo tiempo se estaba construyendo en Oriente.

El Islam de Al Ándalus actuó desde su inicio como una metonimia: una parte que permitió el todo. En contra del discurso estereotipado de las tres culturas, Al Ándalus constituyó una sola civilización compuesta de muchas a la vez. Sincrética. Sin aristas. Como una esfera transparente que contenía en su interior las viejas tradiciones prerromanas, esotéricas, judías, aderezadas con la creencia cristiana en sus distintas versiones, más la musulmana en formación. Mozárabes, sefardíes, musulmanes, paganos y cafres (del árabe *kâfir*, que significa algo más que no creyente: mala persona sin que le duela la conciencia por ello). Todos andalusíes. Y todos mezclados entre sí, juntos y revueltos, empleando varias lenguas vehiculares, y sobre todas el árabe dialectal adaptado o *algarabía*. El hispano andaluz. El árabe de occidente (*al garb*) en contraposición al árabe coránico oriental.

Precisamente, la secuela más evidente e ignorada de esta metonimia consiste en la carencia de una palabra específica para denominar al musulmán oriundo de Al Ándalus. Existe un término concreto para nombrar al musulmán en tierra conquistada (*mudéjar* del árabe *mudayyan* que significa domesticado). Y para el cristiano andalusí (*mozárabe*). Y para el cristiano converso: *muladí* entre musulmanes, *renegado o elche* para los católicos. Y para el musulmán converso tras la conquista (*morisco*). Y para el morisco que vivía y se criaba entre cristianos, y que por hablar bien una y otra lengua, apenas se podía distinguir ni conocer (*tagarino,* de *tagri-tagari,* fronterizo o frontera). Incluso existe una palabra precisa para citar al musulmán africano que recaló en la península (*gazí*). Y hasta resulta curioso que los gitanos utilicen en caló una expresión muy similar a esa para llamar a los andaluces (*gaché* y sus alteraciones)... Pero no hay una voz concreta que designe a los integrantes de la comunidad más numerosa de Al Ándalus. Normal: no tenían por qué recordarse permanentemente a sí mismos su condición musulmana, mayoritaria y gobernante. Lo que ha terminado por avivar la creencia equivocada de que todos lo eran. Y confundir la parte con el todo.

Para entender por completo la taxonomía de los habitantes de Al Ándalus, a la preterición del musulmán andalusí hay que sumar el concepto autónomo del sefardí. Con este nombre se designa al judío que vivió en Al Ándalus. Sin duda. Pero también al que habitó en la península antes de la supuesta invasión musulmana y durante la infundada reconquista católica. A los judíos conversos que decidieron quedarse se les llamó *marranos* y sufrieron idéntica persecución inquisitorial. O peor.

En consecuencia, Sefarad fue, es y será la patria poética e intemporal de aquellos judíos ibéricos y de sus descendientes. Nunca una frontera política. Más bien una evocadora palabra a la altura de su procedencia: la adaptación fonética del jardín de las «Hespérides». La misma raíz de España, Hispania o Híspalis. Por puro sentido común, las culturas foráneas llaman a los lugares y pueblos recién conquistados con sus nombres de siempre, con sus nombres nativos, aunque pasados por el tamiz de sus oídos y lengua. No entienden lo que oyen y lo dicen tal como les suena en su propia lengua. Por eso los alemanes llamaron Austwitz a la ciudad polaca de Oswiecim. O los franceses Cristophe Colomb al presunto descubridor de América. Y quizá esa misma lógica explique el hilván sonoro entre Al Ándalus (una palabra sin sentido en árabe) y Atlántida (una palabra con todo el sentido en cualquier idioma).

Al Ándalus es un paradigma. El mejor ejercicio práctico de interculturalidad desde que los seres humanos depredamos la Tierra. Pionero e imperfecto. Pero el más avanzado para la época. Adaptado a la terminología política actual, Al Ándalus fue un Estado plurinacional. De naciones humanas, no necesariamente territoriales. Y todo ello, en buena parte, gracias al Islam. Sin duda. Una ideología revolucionaria e integradora de lo ya existente, fácilmente asimilable en sus modos y formas por los habitantes romanizados, hartos del rigor moral del incipiente catolicismo y de la disciplina tributaria de la nobleza goda.

Pero no sólo se debió al Islam. También encuentra su origen en la avanzada y abierta civilización que portaron los omeyas consigo, coetánea al nacimiento formal del Islam, impregnada de bizantinismo y en perfecta comunión con la cultura hispánica y mediterránea. Echen un vistazo a las casidas preislámicas de la *Yahiliyya* (tiempo de la inmadurez para los musulmanes), con alegorías descaradas a mundos báquicos, orgías y homosexualidad. Como ésta de Al-Asa Maymun de Quays: «*Cuántas veces me he deleitado bebiendo copa tras copa borrando los efectos de una con otra… Cuánto vino escarlata bebí…*». Y con más virulencia aún la literatura abbasida o la poesía híbrida de los *Mujadramun*, contemporáneos a la formación del Islam. Algunos fueron críticos radicales del *din* musulmán como Al Ajtal en su célebre «No» en respuesta a la invitación de califa Abd al Malik a hacer la *shahada*: («*No me apetece ayunar en Ramadán ni comer la carne de los sacrificios, Para triunfar no ahuyento a los camellos hacia el llano de la Meca. Para ganarme la piedad no visito una casa lejana en la Meca. Jamás me levantaré, como los demás, al grito de vamos a la oración, sino que seguiré bebiendo vino y me postraré al brillar la mañana*»). Expresiones de esta índole sólo demuestran la enorme tolerancia inicial de los gobernantes hacia la clase intelectual que los rodeaba. La misma que desembarcó y que se mantuvo intacta en el primer Al Ándalus. En la Córdoba califal, epicentro civilizatorio del planeta, la población homosexual se concentró en el barrio *Derb Ibn Zaydun*, como ahora hacen los madrileños en Chueca o los parisinos en el Marais. El mismísimo Al Motamid fue bisexual. Todavía me impactan las irreverentes y libertarias casidas del cordobés Al Ramadi. Y por encima de todas, la intolerable «ocio y religión» desde la óptica intransigente del integrismo islámico contemporáneo: «*Pasan las copas, al igual que tu saliva, de boca en boca, y luego haz la señal de la cruz, como sueles, sobre mi cara y mi copa... Ven, nazareno, ven, que uniremos corazones por la religión separados. En placenteras tertulias beberemos vino, que después en polvo te convertirás; y cuando terminemos con la religión de las diversiones nos iremos a rezar. Sin vino ni juerga la vida es un verdadero pecado».*

En resumen, el peculiar y originalísimo contexto islámico del primer Al Ándalus permitió el florecimiento de una sola y única cultura andalusí, como una fuente con distintos veneros, siendo paradójicamente el propio Islam uno de ellos.

No hubo entonces una violenta guerra de invasión que afectase por completo a la generalidad de los habitantes peninsulares, como tampoco una pacífica conversión masiva. Aunque a decir verdad, sí un poco de las dos. Y luego, sencillamente, los andalusíes nacieron musulmanes. O cristianos. O judíos. O paganos. O indiferentes. O cafres. Pero tras la desaparición de Al Ándalus, a los católicos españoles y a los musulmanes no españoles interesó por igual el mito de una conquista extranjera, que contaminó inmediatamente a los nativos con sus credos extraños como si los gasearan con gas mostaza. Y unos utilizan esta teoría para justificar la «Reconquista» y otros para explicar la pérdida del paraíso. Pero ni los unos reconquistaron lo que nunca perdieron, ni los otros perdieron lo que nunca conquistaron.

Es cierto que hubo invasiones posteriores: almorávide, almohade, católica... Moros del Sur y eslavos del Norte. Así llamaban los andalusíes a los pueblos que los invadían desde abajo y desde arriba. Porque esas sí fueron conquistas militares llevadas a cabo con la complicidad y la traición de algunas facciones de los conquistados, ya fueran creyentes (cristianos, judíos o musulmanes) o no creyentes (infieles o cafres). Invasiones tan veraces como la resistencia que opuso a las mismas el resto de la población andalusí. Por eso rechazo personalmente la denominación de *fitna* (guerra civil) al periodo que vivió la ciudad de Córdoba tras la caída de Almanzor. Porque lucharon andalusíes contra bereberes. Eran pueblos distintos. Y ninguno de los dos eran geográficamente árabes. Aún más: en sentido estricto, ninguno de los dos se expresaban en ese idioma.

Coinciden estas invasiones con periodos «oficiales» de decadencia en Al Ándalus. Especialmente llamativa y asumida fue la causada por los «reinos de taifas». Curioso. Porque ocurrió justo lo contrario. Al Ándalus logra su máximo esplendor cuando garantiza la diversidad moral y la descentralización cultural y política al modo de los anfictionados griegos y las ciudades italianas del segundo renacimiento europeo. Sin lugar a dudas, la red de ciudades intermedias entre la capital de la taifa y las alquerías, entre lo urbano y lo rural, constituye la mejor herencia urbanística de Al Ándalus y la que mejor diferencia la estructura poblacional andaluza del resto de España. Esta configuración policéntrica de Andalucía no sólo favoreció el intercambio comercial o la dispersión polarizada de la riqueza. Por encima de cualquier otro beneficio material, redistribuyó las élites culturales entre numerosas ciudades. Y todo ello con las bendiciones de la ciudadanía y de gobernantes-creadores-mecenas, convencidos de encontrar en el conocimiento y la creación intelectual las verdaderas fuentes del bienestar popular.

Es entonces cuando se consolida el concepto mismo de Occidente como manifestación nacionalista y territorial «antiárabe» en contraposición al Oriente: *Es como si fuera un sol que despunta por nuestro Occidente (Al Ramada de Córdoba).* Las escuelas literarias andalusíes desplazan a la casida por nuevas formas poéticas al estilo de la *moaxaja* o el zéjel. El sufismo musulmán de Al Ándalus rompe con Damasco y Bagdad. Las academias del Talmud en Lucena se distancian de Jerusalén o Babilonia. Sorprendería el grado de protagonismo público que alcanzaron los debates intelectuales de la época, como el mantenido entre el judío granadino Ben Nagrella y el musulmán cordobés Ibn Hazm. Incluso el misticismo cristiano alcanzó su cenit en esos siglos. A pesar de ello, este periodo de luz es tachado de crítico y decadente por las sociedades esencialmente jerarquizadas como las que terminan escribiendo la historia. Qué pena.

La novela de Al Ándalus se guillotina con la conquista de Granada. Comienza entonces para la historiografía tradicional la «edad moderna» en España, anticipándonos varios siglos a Europa. Me abochorna haber estudiado con ese nombre la época infame y oscura de la contrarreforma y el estado teocrático, que se mantuvo incólume mucho tiempo después de la Revolución francesa. En verdad, ocurrió justo al revés: después del renacimiento andalusí (el primero en Europa), los españoles padecimos la edad media más larga de la historia continental, sólo superada por el eterno medioevo que aún soportan algunas repúblicas islámicas.

Con la definitiva conquista territorial del último reducto de Al Ándalus, en un santiamén, como por arte de magia, los sefardíes y musulmanes andalusíes que no son arrojados al mar como la basura, aprenden hablar en cristiano y a vestirse por los pies. Otra burda mentira sobre la que asombrosamente se asientan miles y miles de páginas de la historia oficial de España.

Durante la progresiva conquista de Al Ándalus, los musulmanes pasaron a llamarse mudéjares. Luego fueron obligados a convertirse al catolicismo con el nombre de moriscos. Y finalmente, a pesar de la conversión, son expulsados de la comunidad física y política de la España integrista. Dejan de ser oficialmente españoles. Como si nunca lo hubieran sido. Ni los hijos de sus hijos. Así nace el racismo de Estado.

Y la causa de nuestra ceguera.

LAS HERIDAS

Alabado sea Dios.
Ni familia
ni hijos
ni reposo,
conformidad o firmeza.
La paz se nos volvió guerra
cuando el tiempo puso límite
A nuestra ilimitada paz.

Ibn Al-Abbar de Valencia *(El exilio)*

ROJO NEGRO VERDE

Quizá algún día el verde iguale al negro.

Esclarecidos *(Rojo)*

Rojo, negro, verde. La representación cromática del principio de Lavoisier. El primer mandamiento del catecismo biológico (incendio ceniza hierba). Los colores de mi bandera moral como ser humano (revolución fracaso esperanza). Las tres heridas de Miguel Hernández (amor muerte vida). La secuencia cíclica y perpetua del destino. En ese orden.

Rojo es el espacio compartido por los círculos secantes de las dos Españas: la uniforme que no terminó de matar y la diversa que no terminó de morir. Rojo rebelión. Rojo sangre. El periodo oficial de asimilismo y genocidio programado por el Estado inquisitorial para acabar con la diferencia.

Negro es el trauma que sufrieron individual y colectivamente los perseguidos. Los que se marcharon. Y los que se quedaron. Una expulsión, dos éxodos y la misma pena. Negra. Como el luto. Y la rendición. Escondiendo el Yo o aparentando el opuesto. En defensa propia. Por instinto de supervivencia.

Verde es vida. El color de la resiliencia creadora. Lo que nos queda.

Rojo:

En 1609 se decreta la expulsión de los moriscos españoles. El último vestigio humano de la España andalusí. La práctica unanimidad ya había claudicado en su apariencia física y moral. No parecían musulmanes. Pero no lo suficiente por dentro: tenían la «sangre contaminada» para la Iglesia-Estado porque sus padres, o los padres de sus padres, nacieron «moros» en su patria de siempre. La misma de sus represores.

Unos lucharon hasta la muerte para no renunciar a ser lo que eran. Lo intentaron antes y después de la orden de destierro. Y perdieron. *Si defendiendo nuestra libertad muriésemos peleando/ La madre tierra recibirá lo que produjo/ Y al que faltare sepultura que le esconda/ No le faltará cielo que le cubra/No quiera Dios que se diga/ Que los hombres de Bentomiz/ No osaron morir por su patria.* Las mujeres se despeñaron con sus hijos antes que morir cautivas.

Otros huyeron. Precisamente, los *españoles sin patria* de los que habló por primera vez Ángel Pulido a principios del siglo XX. Pero muchos aceptaron quedarse en su tierra. Y parecer iguales a los otros. O más aún.

Negro:

El trauma fue brutal. Inimaginable a menos que lo comparemos con la represión franquista, el Gulag estalinista o el holocausto nazi a homosexuales, gitanos, disidentes, republicanos, anarquistas, comunistas... y judíos. Especialmente, judíos. Ellos han conservado la memoria de la *Shoah* gracias a que sobrevivieron a los campos de exterminio. Los moriscos, por el contrario, no tuvieron más que remedio que olvidar al quedarse a morir en ellos. En su patria andalusí transformada en una confederación dinástica de Estados en torno al catolicismo.

La versión oficial niega las secuelas de un *shock* psicológico entre los suyos porque afirma el éxito de la expulsión: no quedaron diferentes en España. Pero es mentira. Y porque fracasaron al destruir el arsenal de pruebas íntimas que lo demuestra, reescribieron la historia a su manera y la ordenaron instalar en el disco duro de los españoles.

Verde:

Las primeras generaciones de perseguidos superaron el trauma olvidando hasta olvidar por qué olvidaban. Igual que el padre o la madre que sobrevive a la muerte de su hijo. Olvida sin olvidar.

Pero olvida. Posiblemente, esta amnesia colectiva vino acompañada de una especie de neurosis bipolar (esquizoide e histérica), que con el tiempo se convirtió en la cultura de lo flamenco. Los hijos de sus hijos heredaron inconscientemente el recuerdo de la herida encriptado en las creaciones instintivas y viscerales que surgieron durante su cauterización. Así se entiende el paroxismo de los bailaores. Entre pena sobria y ebria alegría. Al compás de palmas hipnóticas. Como un *dikra* instrumental. Y de la guitarra errante. El único instrumento que podían llevar consigo los moriscos. Y de la voz rota de los cantaores que emerge entre las costuras abiertas de sus bocas como si clamasen un hambre de siglos. Dolor congelado que todavía duele al que lo siente dentro.

Es imposible asignar fechas concretas a estos periodos. Aceptando la existencia de colores intermedios entre ellos, el rojo se situaría aproximadamente entre 1492-1499 (expulsión de los judíos y conversión forzada al catolicismo) y 1614-1619 (última expulsión de moriscos y gitanos); el negro, llegaría hasta 1834-1873 (abolición formal y material de la Santa Hermandad); y el verde, sinceramente, no lo sé. Como una burda imitación a lo Cernuda, suelo confundir la realidad con el deseo.

El rojo se corresponde con la era morisca o conversa; el negro con la flamenca; y el verde con la andaluza. Podría hablarse incluso de un periodo infrarrojo. A medida que menguaba Al Ándalus por efecto de la conquista católica, muchos musulmanes y judíos españoles tomaron el camino del destierro más allá de la península o más adentro del pellejo. La diáspora sefardí (la oficial y la oficiosa) es anterior incluso a la mudéjar. En cualquier caso, unos y otros padecieron la asfixia política y social en tierra conquistada. Especialmente cruda desde mediados del XIII. El clima irrespirable terminó en revueltas populares sofocadas a lo bestia o en la quema indiscriminada de barrios enteros. Los *pogromos* iniciados en Sevilla vaciaron de judíos las ciudades de media España. Y la represión contra los levantamientos mudéjares de Almodóvar del Río o Castro del Río acabaron con la presencia musulmana en la Andalucía Bética o del Guadalquivir. Así pues, existió un exilio étnico-religioso previo a los decretos de expulsión de judíos y moriscos. Hacia el

Reino nazarí de Granada. Hacia Europa para ser levadura del segundo renacimiento. Hacia África, desde Tánger a Tombuctú. Y hacia dentro del alma. Hacia la clandestinidad de la conversión real o simulada.

Mientras duró la última deportación, existieron los moriscos como clase social proscrita para los represores y como nación sentimental para los oprimidos. Después, no. Teóricamente se habían marchado a otras tierras, a vivir encima o a morir debajo. El converso que permanece en la península ya sólo puede ser condenado por hereje. Los delatores cobraban un porcentaje de los bienes del morisco. El resto lo confiscaba el Estado. He ahí el negocio.

Como una metamorfosis kafkiana, el morisco desaparece como tal de la faz de su patria y se convierte en una nueva categoría humana. Cultural. Civilizatoria. Se hace flamenco. Aunque hablaré de ello más tarde con el detenimiento que merece, quede dicho ahora que flamenco es una combinación de palabras en árabe para designar la calamitosa situación humana que afectó a quienes lo hablaban cuando se prohibía su uso. Tras la definitiva expulsión morisca, sobre el papel, nadie tendría que hablar esa lengua. Teóricamente, ya no quedan usuarios del árabe en la península. Y si los hay, callarían por la cuenta que les trae. En la práctica, sin embargo, el uso privado e íntimo de la lengua madre fue un ejercicio más de resistencia. La memoria habita bajo la epidermis. Y renace cada vez que se evoca. Como un tesoro que se transmite de generación en generación. Aunque desconozcamos los móviles que empujaron al que regaló primero.

Flamenco se compone de dos raíces en árabe dialectal: *felah* (campesino) y *mencub* (marginal, desahuciado, proscrito). El morisco que ya no puede serlo y que carece de medios para simularlo, huye. Yerra. Sin dinero. Sin comida. Sin nada. Como el gitano. O con él. Hasta encontrar bajo sus pies un lugar donde reencontrase a sí mismo. Por eso lo flamenco va infinitamente más allá que su expresión artística. Blas Infante lo sabía y definió la era flamenca como una actitud, como un «*fluir subterráneo, oculto o inexpreso, del estilo andaluz, creando sus hechos culturales como el ladrón que se oculta entre sombras*».

Por razones obvias, Andalucía se convirtió en la catalizadora natural de aquella esencia morisca, nómada y conversa, metabolizada durante la era flamenca en una cultura originalísima, y en un ideal humanista y universalista que alcanzó su epifanía política el 4 de diciembre de 1977.

Yo no lo viví. Dicen que movilizó a millones de andaluzas y andaluces en Andalucía, Madrid y Cataluña para exigir el máximo nivel de autogobierno permitido a otras comunidades. Era la primera vez en la historia de Andalucía que cultura y ansía política se fundían como el acero. Una aleación fugaz de sentimiento (98.5 % hierro) y conciencia (1.5% carbono). Andalucía lo consiguió. Por sí misma. Dinamitando de paso el proyecto asimétrico y bipartidista ideado para España durante la transición. Treinta años ha tardado la maquinaria del poder centralista en que las aguas vuelvan a su cauce.

Cuentan que los andaluces salieron a la calle con banderas prohibidas. Que pedían tierra y libertad: la tierra, con los pies en el suelo; la libertad, con los puños en alto, apretando el aire en señal de pertenencia. No fue un sentimiento impostado. Había verdad. Había Andalucía. Aquel 4 de diciembre, el pueblo morisco, flamenco y andaluz derogó la letra de su himno como quien mata una utopía: haciéndola realidad. Volvieron a ser lo que fueron. Libres. Dueños de su destino.

Pero durante un sólo día. Aquel 4 de diciembre los andaluces lanzaron una ráfaga de fuegos artificiales que inundó sus ojos de sueños alcanzables. Luego se fueron apagando lentamente hasta que un 28 de febrero de 1980 volvieron a ser lo que son. Quizá por eso lo hayan elegido día institucional de Andalucía. Para mí y para muchos siempre lo será aquel 4 de diciembre. El día en que nació y murió la era andaluza. Quiero pensar que duerme. Y quiero creer en el eterno retorno que cantaba Enrique Morente en el Sacromonte: *Decadencia/ Tó er mundo me da de lao/ Porque me ve en decadencia/ Pero yo me he echao la cuenta/ Que er mundo no se ha acabao/ Ay ay puede dar otra vuerta.*

Quizá la verdadera era andaluza esté por venir. El día en que los españoles y los andaluces tomen conciencia de lo que fueron y siguen siendo. Del impacto que produjo el intento fallido de eliminación física y moral de nuestro pasado intercultural. Y descubran que todavía nos bulle dentro. Por eso llamo a esta toma de conciencia era andaluza. Porque Andalucía no es España. Pero España, sí es Andalucía.

Todos llevamos incrustado en la cabeza el concepto nacionalcatólico de España. Fragmentario. Excluyente. Parcial. Falso. Cancerígeno. Y parece que no hay forma de eliminarlo. Como la nicotina. Nos vendieron que este modelo metonímico de España nació con el propio concepto de Estado moderno, del que dicen somos pioneros. Una sola ley. Una sola lengua. Una sola religión. Menuda mentira. Como si no merecieran llamarse Estados aquellos que presumen de lo contrario. De la exaltación de la diversidad. Federales. Confederales. Dos siglos antes de la conquista de Granada, los suizos juraron en Serment una carta magna de apenas tres artículos que comienza así: nos une el respeto por la diferencia. Qué lección de civismo. Exactamente la misma que dictó el paradigma andalusí en la primera república peninsular, en la Córdoba del siglo XI. Blas Infante la llama «República social» y la describe como la lógica expresión política de las agitaciones arrabaleras promovidas por los discípulos de Ibn Masarra, encarnadas posteriormente en el primer partido comunista europeo, el *Mexuar* dirigido por el almeriense Ismael Al Roaxani. Quizá le pueda el corazón. Exagera. La república social de Córdoba en el XI y la confederación cantonal suiza del XIII merecerían ser considerados los primeros Estados modernos de Europa, sino fuera porque ninguno consiguió separar el poder civil del militar y religioso.

Andalucía heredó el nombre de la España diversa. Y jode. Porque en ella se condensan todas las civilizaciones que hollaron tierra peninsular. Incluida la tercera España. Aun más: es ella. Andalucía no padece la cojera afectiva de otros pueblos peninsulares. Es el pueblo por excelencia. El mismo que esta *Expaña* tradicional niega o vampiriza por completo. Sin término medio. Andalucía vive en ese trastorno neurótico permanente. Lo ha somatizado. Afirmando su españolidad desde el sincretismo civilizatorio que la rechaza. Contiene en sí misma a la víctima y al verdugo. Esa es la eterna contradicción que la vivifica y la condena. Andalucía es la tercera España. Y no lo sabe.

NEGOCIO, FRACASO Y TRAUMA

Bien, muy bien, me rindo.
Es la hora de marchar de este mundo y no volver.

La Buena Vida *(Caminito hacia el cielo, Soidemersol)*

Se cumplen 400 años desde que echamos definitivamente a judíos y moriscos. Y setenta años del exilio republicano tras la última guerra civil. Dos racismos en la misma España: el religioso y el ideológico. Moros y rojos. Españoles que no podían serlo para la España intolerante que todavía bulle en el subconsciente colectivo de este país de analfabetos emocionales.

Los moriscos eran españoles. Y cristianos conversos. Pero impuros para la infame y santísima Inquisición. La GESTAPO española. Nazis con sotana. Los decretos de expulsión y pureza de sangre cierran uno de los capítulos más vergonzantes de nuestra historia. Aún desconocemos la magnitud humana, económica y emocional del genocidio. Entre trescientos mil y medio millón de españoles fueron desterrados de la península por la condición religiosa de sus antepasados. En muchos casos, ni siquiera por la suya propia. La mayoría murieron durante el viaje a ninguna parte. Y los que lograron alcanzar tierra, también se sintieron algo rechazados: en la península eran moros; y en berbería cristianos.

Los moriscos peninsulares no eran una minoría. A menos que llamemos moriscos a los inadaptados voluntaria o involuntariamente al asimilismo impuesto por los conquistadores. En realidad, fueron muchos más los hispanomusulmanes que se dispersaron por el interior o que ya habían conseguido mimetizarse en sus distintas versiones. Muchos más. Nadie sabe exactamente cuántos. Qué más da. Eran el pueblo mismo. La infinidad de sus vestigios culturales constituyen hoy las señas oficiales de la identidad española. Una venganza sutil que sobrevivió a sus vidas.

Sí es cierto que fueron minoría los que se dejaron la piel por defender el ideal de nación que sentía suya (porque lo era). En las revueltas alpujarreñas, de la Axarquía malagueña, del Levante (*Xarq Al Ándalus*)... Algunos contaron con ayuda extranjera. Bereber. Turca. Poca. Todos acabaron masacrados en calidad de quintacolumnistas islámicos en la España integrista católica.

La mayoría de esta minoría de «inadaptados sociales» que consiguió quedarse o volver, malvivió parapetada en la abdicación pública o en la clandestinidad. En la sublimación del opuesto o en la ocultación del Yo. O mejor dicho: del Nosotros. Sólo ellos padecieron el trauma que ha marcado para siempre la idiosincrasia cainita y bipolar de los españoles. Sólo ellos tuvieron que ver como destruían físicamente su pasado. Sus vidas. Su cultura. Y lo intentaron superar olvidando por fuera y recordando por dentro. Mirando a ninguna parte para verse a sí mismos. Alterando la estética sin descuidar la ética. Creando nuevos lenguajes artísticos... Pero les fue prácticamente imposible no caer en la neurosis sana de la resiliencia. Ellos eran los padres de nuestros padres. No eran árabes. Ni israelitas. Eran españoles, como tú y yo, a los que la Iglesia-Estado expropió sus casas. Les prohibió vestir como habían vestido siempre. Hablar en su lengua madre. Sencillamente, porque el negocio de su aniquilación era más rentable para sus aniquiladores.

Las arcas del Estado se malnutrieron con el dinero derivado de la compraventa de estatutos de sangre y, eminentemente, de la confiscación de bienes raíces a la población morisca. Ya está bien de pensar que todos los hispanomusulmanes eran pedigüeños. Miserables. Los había, por supuesto. Y muy ricos, también. Se sorprenderían de la cantidad de prohombres que presumen de rancio abolengo castellano o aragonés, siendo hijos de moriscos adinerados que pudieron pagar con creces el anonimato de su pasado religioso.

La recaudación se destinó a superar el enorme déficit provocado por la conquista peninsular y el despilfarro de la expansión europea y americana; a subvencionar los altos costes de la administración inquisitorial; e incluso para sobornar a los últimos nobles valencianos y aragoneses empecinados en tutelar a los moriscos que tutelaban sus campos.

Consciente del riesgo que se le venía encima, *«para que se conserven las casas, ingenios de açucar, cosechas de arroz y los regadíos, y puedan dar noticia a los nuevos pobladores»*, el propio Bando de la expulsión (a petición de la nobleza) ordenó *«que en cada lugar de cien casas queden seys con los hijos y muger que tuvieren»*. Indudablemente, también ellos perdieron a la larga. Tampoco tenían más opción. Muchos de esos moriscos permanecieron en barracas o masías (en árabe «casa de agua») salvando la huerta o la pesca de bajura. Otros marcharon con los suyos a los valles y vegas de interior para hacer lo propio tras el fiasco económico y funcional de la repoblación castellana. Otros al frío de las sierras del norte y del sur. El negocio morisco quebró. Pero ni la Inquisición ni los reyes ni el Papado podían permitirse las secuelas financieras y morales de retractarse. Por eso fracasó el negocio de la expulsión. La mayoría de los moriscos se quedaron. Ocultos, vale. Pero se quedaron.

El negocio del destierro provocó dos éxodos: uno hacia fuera y el otro hacia dentro. En un ejercicio de manipulación e hipocresía política sin precedentes, España y Europa lobotomizaron este episodio histórico de sus memorias colectivas. De los libros de texto. De las enciclopedias. De la televisión. Los llamaron moros. Marranos. Nos dijeron que los echamos a todos. Y nos hicieron creer que jamás fueron españoles y mucho menos europeos.

Árabes, musulmanes, andalusíes, mudéjares, moriscos y moros son la misma cosa para una inmensa mayoría de los españoles: Extranjeros. Tan extranjeros como los indígenas de ultramar que no acompañaron el oro de nuestros barcos. Ni como esclavos. Para no mezclarse. Para no tener que tolerar a los distintos. Para no tener que justificar ante Europa nuestra pureza de sangre. Qué idiotez. A nadie extraña que las selecciones deportivas holandesas, francesas o inglesas estén plagadas de los hijos de sus colonias de diferentes razas y religiones. En España ocurre lo contrario. El negro no es español. Ni el americano. Y mucho menos, el árabe, el musulmán, el moro, o como se llame.

Parte de culpa en la confusión relativa a lo árabe se debe a que los propios gobernantes andalusíes se arrogaron este origen como una señal de distinción étnica para diferenciarse del nativo peninsular. Pero es más que probable que no tuvieran ese origen remoto. Ni los califas. Ni los reyes de taifas. Algunos fueron descendientes de Witiza, el vencedor real de la guerra dinástica e intestina entre godos, con el pretexto religioso de la contienda entre las banderías unitaria y trinitaria. No me parece casualidad que Tarik termine igual que Roderik (Rodrigo), Eurik (Eurico), Leudovik (Leudivico)... O que el primer Abderramán fuera pelirrojo. A saber.

Fruto de esta malintencionada corriente de extranjerización, ningún libro de historia considera españoles a los gobernantes de Al Ándalus. Tampoco los retratos que hay en el Parlamento. Y así se llega al absurdo de considerar patriotas a monarcas que nacieron en Alemania o en Francia, que no sabían hablar castellano, o que apenas gobernaron Navarra, Castilla, Asturias o Aragón, y no a los reyes andalusíes que nacieron y murieron en la península, como los padres de sus padres, y que gobernaron la mayor parte de ella. Y todo porque sus nombres se escriben en árabe (la lengua de uso mayoritario entonces), o porque rezaban cinco veces al día con las manos, los pies y la cabeza tocando el suelo.

Al Ándalus fue España. Y los andalusíes fueron españoles. Tan españoles como los romanos o los godos hispanos. Tan españoles como tú. Manipulan quienes afirman continuamente el origen bereber o árabe de la población musulmana de Al Ándalus. Porque ni España era un solar inhabitado al tiempo de la progresiva inmersión arabo-islámica. Ni las sucesivas generaciones de árabes o bereberes mantuvieron el toponímico en la sangre como si se tratara de un código genético inderogable. Los hijos de mis tíos emigrantes en Madrid o Cataluña se consideran madrileños o catalanes. A mis primos les bastó una sola generación para perder su ascendiente sanguíneo y su identidad cultural en otra tierra. Incluso el que fuera Honorable President de la Generalitat, José Montilla, se siente catalán habiendo nacido y estudiado en Andalucía. ¿Por qué no aplicar idéntica lógica a las generaciones nacidas durante ocho siglos en Al Ándalus?

Quede claro que fueron minoría los hijos de los invasores árabes o bereberes. Y quede claro que también ellos fueron andalusíes de nacimiento. Españoles si aplicamos la misma transposición histórica que a romanos o godos. Porque la España de ahora es un Estado geopolíticamente instalado en la Península Ibérica (menos Portugal), salvas las excepciones insulares, Ceuta y Melilla. Y todo lo que ha ocurrido en ella, desde el nacimiento de la primera bacteria hasta hoy, forma parte de su historia. Incluido el genocidio social y el exterminio cultural llevado a cabo para imponer sobre la población autóctona la uniformidad católica.

Los andalusíes no eran extranjeros. Nacieron y murieron aquí. Como sus padres. Y los padres de sus padres. Sólo cometieron un pecado: ser musulmanes. Y los moriscos ni eso: eran conversos al catolicismo. Y sus descendientes, ni conversos siquiera: nacieron cristianos. La operación fue tan simple como perversa: todo aquel que no pudiera acreditar su ascendencia católica, limpia, remota y continuada, sería considerado no español. Porque se decidió que español y católico viejo fueran la misma cosa. Por eso arrancan las procesiones de Semana Santa con el himno del Estado. Y por eso el morisco terminó siendo moro. Y el judío, marrano. Extranjeros. Aunque su padre, y el padre de su padre, hubieran nacido y muerto en Al Ándalus. En Sefarad. En España. Su única patria.

Con la expulsión comienza la noche oscura del alma para los que se quedaron. La oscuridad de la caverna. De los hábitos del Santo Oficio. Y de la ceguera. Eso explica por qué la gente afirma convencida que la Mezquita de Córdoba es árabe. Que la Alhambra de Granada es árabe. Que Averroes era árabe. Que el nombre de su pueblo es árabe. O el azul de sus zócalos, vigas o puertas. Pero a la misma vez afirma que las Cuevas de Altamira son españolas. Y la Dama de Elche. Y Séneca. Y Don Rodrigo. Y que el flamenco proviene de Holanda.

El trauma de la expulsión y el racismo de Estado son la causa y la consecuencia de una herida abierta que ha transido de ignorancia e intolerancia la actitud del español ante lo nuevo y lo distinto. La cara y la cruz del mismo mal aplicable por extensión a cualquier perseguido por el mero hecho de ser otro: mujer, gay, lesbiana, gitano, activista, intelectual, heterodoxo... Sin embargo, la herida comienza a curarse en unos y en otros no. Hoy se repite la historia y toda Europa vuelve a estar llena de chusma. Eso dicen. Y muchos lo piensan. Para no tener que recordar nuestras miserias, en Bruselas aprueban Directivas con las mismas dosis de cinismo egoísta que los decretos de expulsión. Luego las adaptan a las legislaciones internas. Unos con descaro racista como Italia. Otros, de manera más sibilina e hipócrita como Francia o España. La misma salmodia de entonces combinada con la misma islamofobia y antisemitismo. Primero eliminarán la diferencia en el decorado humano. Y luego en los cerebros. O a la inversa.

LA DESTRUCCIÓN DE LA PRUEBA

Las calles han quedado desiertas.
Y en el Roca no está ni Abraham.

La Habitación Roja *(Anónimos, Radio)*

1984. Orwell. No hay nada más nocivo que acomodarnos al decorado cultural, social o político que otros nos imponen cuando es injusto, falso o monocolor. Cuando en un ejercicio abusivo de asimilismo, siempre cruel y violento, el poder rechaza la diferencia hasta hacerla invisible. Aunque esté a un centímetro de tus ojos. Éste es el fundamento de cualquier estructura de dominación absoluta para ser consentida por las masas. Y éste fue el fundamento mítico en el origen del Estado español: la unidad religiosa y étnica. Impuesta. Por la fuerza.

1984. Orwell. Todos los regímenes opresores vencen cuando normalizan la autocensura. Cuando exterminan la disidencia. Así se han consolidado a lo largo de la historia de la Humanidad todos los modelos culturales excluyentes. Machistas. Racistas. Integristas... Unas veces esta depredación es real, material, física. Genocidios. Expulsiones. Demoliciones. Quema de documentos. Expolios. Lo distinto deja de verse porque deja de existir. Y las nuevas generaciones nacen sin conocer otro decorado social, cultural o político, porque jamás vieron otro. Y lo que es peor: si lo vieran, lo rechazarían por extraño, por ajeno, por diferente.

Así ocurrió en la España recién parida de los Trastámara y los

Austrias. Primero se intentó la asimilación. Y una vez fracasada, se optó por el exterminio humano y cultural jalonado en múltiples fechas resumidas magistralmente por Juan Goytisolo:

- 1499, conversión forzosa de los granadinos por el cardenal Cisneros.
- 1501-02, pragmática del mismo dando a elegir a los musulmanes del reino de Castilla entre el exilio y la conversión: los mudéjares del Medioevo pasaron a ser así, pura, y simplemente, moriscos.
- 1516, se les fuerza a abandonar su vestimenta y costumbres, aunque la medida queda en suspenso por espacio de diez años.
- 1525-26, conversión por edicto de los de Aragón y Valencia.
- 1562, una junta compuesta de eclesiásticos, juristas y miembros del Santo Oficio prohíbe a los granadinos el uso de la lengua árabe.
- 1569-70, rebelión de la Alpujarra y guerras de Granada...
- A partir del aplastamiento de los moriscos y de la ejecución de Aben Humeya, la política de Felipe II consistió en dispersar a los granadinos y en reasentarlos en Castilla, Murcia y Extremadura, lejos de las costas meridionales y de las posibles incursiones turcas.

El punto de inflexión lo marcan las estrictas normas de conversión y asimilismo impuestas en el Concilio de Guadix en 1554. Una vez proclamada la uniformidad geopolítica en torno al catolicismo, se hizo necesario destruir la prueba de nuestro pasado intercultural. Exactamente igual que en el *1984* de Orwell. Y en idénticas fases. Cambiaron los símbolos políticos y religiosos. Todavía hoy el escudo de muchas provincias andaluzas son burdas reproducciones de los de Castilla y León. El de Córdoba es idéntico. Destruyeron miles y miles de baños públicos. Colocaron campanarios en los minaretes. Y convirtieron las Mezquitas en Iglesias. Los moriscos que llegaron en barco a Sevilla desde Granada y Almería cruzaron al otro margen del río grande para sentirse protegidos del acecho inquisitorial, a las corralas de Triana, y desde allí vieron como las cruces empezaban a despuntar en el cielo de la judería y la morería. Hoy, Barrio de Santa Cruz. Las calles cambiaron sus nombres por el de santos, vírgenes, cruces, estaciones de penitencia y demás simbología católica. De una de sus plazas, la de Doña Elvira, sólo se puede salir por dos calles frontales: Vida o Muerte. La metáfora de la expulsión. Inés Bacán, una gitana culta que no sabe leer ni escribir, dejó en el aire de una noche mágica esta pieza arqueológica de su memoria ancestral: «*Qué alegría ir por Triana y ver la Torre del Oro sin campanas*». Con los puños cerrados. Dolida por un rejón de siglos. No sabe lo que dice. Pero lo siente. La calle más importante de Triana se llama Pureza. La calle de los cantaores y cantaoras, de los toreros y de los poetas. La calle más morisca por pura. De sangre.

Como no era fácil acabar con todas las piedras, decidieron hacerlo con los papeles y con quienes los escribían. Para no morir, nacieron los moriscos. Los conversos. Especialmente cruda fue la persecución inquisitorial a los elches o descendientes de cristianos renegados, a los que de poco sirvió el bautizo por antiguo y sincero que fuera.

Primero destruyeron sus almas y luego los cuerpos. Matándolos por dentro y luego por fuera. Y en ningún momento renunciaron a hacer caja. Empezando en 1526 por poner precio a su fe con la compraventa de estatutos de sangre, hasta el último proceso inquisitorial confiscando los bienes tras la quema de los ajusticiados. A ser posible de noche por el bien del espectáculo, a decir de los inquisidores. La ejecución de la condena era condición necesaria para incautar los bienes del morisco, marrano, bruja, bígamo... Su presencia, no. Ni siquiera condición suficiente. Podría haber muerto durante el interrogatorio, de hambre, huido, qué más da. Para paliar su ausencia, se fabricaba un muñeco de cartón, de madera o de harapos y se le procesaba en público. A esta manera tan peculiar de ejecutar la pena la llamaban en los autos de fe «relaxado en efigie o en estatua». Porque la Iglesia se limitaba a tomar la decisión y luego se relajaba para que la ejecutase el Estado. Así evadía la molestia de mancharse de sangre o de pecado. Y a fe que no lo consiguió.

España es un país que encumbra a sus heterodoxos y disidentes una vez pasado el peligro de llevar a cabo lo que defendieron. En la misma proporción en que se hacía cada vez más insoportable la presión social y política para los moriscos, fue aumentando en el otro lado la desconfianza sobre la veracidad de sus conversiones. Tomó fuerza la tesis del quintacolumnismo islámico dentro de España y la posibilidad de una reconquista de Al Ándalus con la ayuda turco-bereber. Una alianza musulmana aparentemente ocasional tras la que se escondía la amenaza del dominio extranjero sobre el Mediterráneo. En este clima hostil, sólo un suicida podía apostar por el asimilismo no sangriento de los moriscos. Y los hubo. Y merecen ser conocidos y reconocidos a estas alturas de la historia. Porque sufrieron. Y mucho. Desde posiciones económico-políticas como las de Pedro de Valencia. A posturas teológico-ecuménicas como las defendidas por Ignacio de las Casas y otros tantos jesuitas. Hasta que la orden religiosa no aceptó formalmente la limpieza de sangre como requisito de pertenencia, fueron muchos los moriscos y judíos que se asimilaron en la sociedad cristiana por esa vía. Uno de ellos fue el mismísimo Obispo de Granada tras la conquista, Fray Hernando de Talavera. Hijo de marranos, jesuita y humanista convencido, creyó en el ejemplo de la educación católica como único camino para la integración. Y creó los colegios de moriscos, como el Imperial de San Miguel, para enseñar la fe cristiana en la lengua vernácula de sus alumnos, que luego terminarían siendo aula para las élites cristianas. El final de su vida estuvo marcado por la persecución inquisitorial acusado de pura envidia. Martín Pérez de Ayala lo intentó desde Guadix, nido del águila inquisitorial de la época, y luego desde Valencia, foco de la expulsión. Quizá su iniciativa más hermosa fue la traducción al árabe del catecismo y su intento fallido de divulgación. Juan de Albotodo fue un jesuita morisco que se encargó de evangelizar en la Casa de la Doctrina del Albaicín a millares de moriscos... Es imposible nombrar a todos y todas. Parafraseando a Antonio Mairena, fueron una inmensa minoría de hombres y mujeres disidentes. Libres. Desde auténticos desconocidos para la gran masa (como los moriscos Muley Francisco Núñez, Miguel de Luna o Alonso del Castillo), hasta los cronistas de la época (como Luis de Mármol y Carvajal, Ginés Pérez de Hita o Diego Hurtado de Mendoza). Y junto a ellos, a la misma altura de coraje vital e intelectual, cientos de personajes reconfigurados por la historia como hijos predilectos de España tras padecer en sus carnes los rigores de su heterodoxia: Francisco de Rojas, Mateo Alemán, San Juan de la Cruz, Santa Teresa de Jesús, Fray Luís de León, Pablo de Olavide, Juan de Mendizábal, Blanco White..., o el mismísimo Cervantes.

Grande, inteligente e intruso donde los haya. El maestro. El genio. Además de legarnos encubiertamente todo un caudal de propaganda antimorisca en *El coloquio de los perros*, fue capaz de nombrar y describir lo innombrable en El Quijote. Unas veces, de manera descarada. Otras, bajo claves jeroglíficas. Por ejemplo, Cervantes ubica su obra magna en La Mancha, espejo y metáfora expresionista de aquella España devaluada por el estigma de la expulsión y de los expulsados. En un hermoso cante popular, rescatado por Lole y Manuel en su interpretación personalísima del Amor Brujo de Falla, se habla de un pañuelo morisco que pierde su valor precisamente por estar manchado. De sangre. Morisca. Cervantes escribe por boca de *Cide Hamete Benengeli* (Señor Hammed El Evangelista), escasamente a una sílaba de la reproducción fonética y evocadora del último Profeta del Islam. El nombre del verdadero y oculto autor de El Quijote habla y escribe en árabe. Como la verdadera y oculta historia de España hasta ese momento. Y aún así, a pesar del riesgo inquisitorial que ya conocía, Cervantes la saca a la luz normalizando una traducción al castellano que sobre el papel debería ser imposible. Las lenguas no se olvidan de un día para otro. Cuatro siglos después, sin embargo, el árabe vivo es considerado *lengua extraña* para los planes oficiales de enseñanza en España y becas en el extranjero. Cervantes se atrevió a denunciar la irreverencia estética de la cristianizada *Lela Merien* por llevar pañuelo e ir vestida como mora. Oculta su nombre tras el parapeto católico: «donde dice *Lela Merien* quiere decir *Nuestra señora la Virgen María*». Califica a los moriscos según la zona de procedencia y destino: «*Tagarinos* llaman en Berbería a los moros de Aragón, y a los de Granada *mudéjares*, y en el Reino de Fez llaman a los mudéjares *elches*, los cuales son la gente de quien aquel rey más se sirve en la guerra»... Y, sobre todo, hace regresar de «incógnito» al morisco Ricote, toponímico de los últimos expulsados de Murcia, y fabrica un encuentro con su amigo y vecino Sancho donde concentra en tres frases la aceptación de la derrota, la españolidad fraternal de los expulsados, sus oficios y lugares de destierro, la extravagancia de la asimilación, el amor a la tierra común, y el juicio cruel de lo ocurrido y de lo que podría ocurrir:

—*¿Cómo es posible, Sancho Panza, hermano, que no conoces a tu vecino, el morisco, tendero de tu lugar?*

—*¿Cómo Diablos te habría de reconocer, Ricote, en ese traje de mamarracho que traes? Dime: ¿quién te ha hecho franchote, y cómo tienes atrevimiento de volver a España, donde si te cogen y conocen tendrás harta mala ventura?*

Todo lo que yo pueda decir en este libro lo resume magistralmente Cervantes en un monólogo descarnado, donde Ricote radiografía la miseria y lo miserable de la expulsión:

Bien sabes, ¡oh Sancho Panza, vecino y amigo mío!, como el pregón y bando de Su Majestad mandó publicar contra los de mi nación puso terror y espanto en todos nosotros; a lo menos, en mí le puso de suerte, que me parece que antes del tiempo que se nos concedía para que hiciéramos ausencia de España, ya tenía el rigor de la pena ejecutado en mi persona yen la de mis hijos. Ordené, pues, a mi parecer, como prudente, bien así como el que sabe que para tal tiempo le han de quitar la casa donde vive y se provee de otra donde mudarse; ordené, digo, de salir yo solo, sin mi familia, de mi pueblo, e ir a buscar donde llevarla con comodidad y sin la priesa con que los demás salieron; porque vi, y vieron todos nuestros ancianos, que aquellos pregones no eran sólo amenazas, como algunos decían, sino verdaderas leyes, que se habían de poner en ejecución a su determinado tiempo; y forzábame a creer esta verdad saber yo los ruines y disparatados intentos que los nuestros tenían, y tales, que me parece que fue inspiración divina la que movió a Su Majestad a poner con efecto tan gallarda resolución, no porque todos fuésemos culpados, que algunos había cristianos firmes y verdaderos; pero eran tan pocos, que no se podían oponer a los que no lo eran, y no era bien criar la sierpe en el seno, teniendo los enemigos dentro de casa. Finalmente, con justa razón fuimos castigados con la pena del destierro, blanda y suave al parecer de algunos, pero al nuestro la más terrible que se nos podía dar. Doquiera que estamos lloramos por España; en ninguna parte hallamos el acogimiento que nuestra desventura desea y en Berbería, y en todas partes de África donde esperábamos ser recibidos, acogidos y regalados, allí es donde más nos ofenden y maltratan. No hemos conocido el bien hasta que le hemos perdido; y es el deseo tan grande que casi todos tenemos de volver a España, que los más de aquellos, y son muchos, que saben la lengua como yo, se vuelven a ella, y dejan allá a sus mujeres y sus hijos desamparados: tanto es el amor que la tienen; y agora conozco y experimento lo que suele decirse: que es dulce el amor a la patria.

Si en el Quijote se encuentra camuflado un aluvión de señales moriscas, los diálogos entre Calixto y Melibea encubren un completo catálogo de huellas conversas y marranas. Zonas comunes judeomusulmanas como la exaltación de la sensualidad y el erotismo frente al pecado del sexto mandamiento. Y caracteres puramente judíos como la garantía del sustento para mejor vivir en libertad. Sólo hay qué aprender a leer entre líneas. Y sonreír.

Todas las guerras civiles estallan por un *cocktail* de motivaciones racionales e irracionales. Materiales y viscerales. Económicas, a fin de cuentas. La expansión imperialista española temía que se le abriera un agujero en su cavidad torácica. Dentro de la península. En la puerta occidental del Mediterráneo. Tras firmar los armisticios con Francia, Inglaterra y Países Bajos, necesitaba una victoria moral que compensara tanto despilfarro en dinero y sangre. La Iglesia temía la reversión duplicada del odio que provocaba. No creía en los conversos a los que siempre consideró criptojudíos o criptoislámicos. Esta vez, y sin que sirva de precedente, con razón en el Reino de Granada. No así en la Andalucía Bética. Aquí comienzan las claves para entender el fracaso cultural de la expulsión. Entre la conquista de Córdoba y Granada median más de dos siglos. Tiempo suficiente para olvidar. Richard Gregory, profesor emérito de Neuropsicología de la Universidad de Bristol, afirma sin tapujos que el cerebro humano no está programado para buscar la verdad, sino para sobrevivir. Algunos descendientes de mudéjares la sabrían. Los menos. La mayoría mudéjar del Guadalquivir olvidó para seguir viva, o decidió vivir en Granada para no olvidar. El fuego de la guerra civil se encendió allí. Donde había moriscos. Dolidos por la conversión forzada. Asfixiados por los tributos, las confiscaciones, y el hundimiento del negocio de la seda que ya no podían vender ni vestir. Muertos de hambre. Muertos por fuera. Pero no muertos por dentro.

En enero de 1567 salta la chispa definitiva que incendiará a la nación morisca granadina. Una pragmática real ordena de manera irrevocable su asimilación en menos de un año, con la anuencia cómplice de la nobleza que hasta entonces la protegía. Es en la Alpujarra donde confluyen con más virulencia las causas citadas como desencadenantes de la guerra civil. Y en la nochebuena de 1568, en Narila, en Béznar, en el Valle de Lecrín, en el *olivo del moro*, suben en hombros a Hernando/Fernando de Córdoba y Válor como nuevo rey de la nación andalusí ocupada. Los sublevados enseñan sin miedo su alma musulmana. Y proclaman a su rey descendiente legítimo de la primera dinastía oriental de Al Ándalus con el nombre de Ibn Umayya (Abén Omeya). Sin lugar a dudas, perseguían con la coronación una doble estrategia sentimental y política: constatar la añoranza de la tierra perdida que en su día se conquistó para el Islam desde Oriente, y de esta forma legitimar un frente «árabo-islámico» común en su «reconquista» con el apoyo turco y bereber. La segunda vía desnaturaliza la primera. Sencillamente, porque no fue así. No era descendiente de Omeyas. Y aunque lo fuera, tampoco la sangre lo convertía en oriental. Era andaluz. Porque siempre lo fue. Estas maniobras políticas disfrazadas de retruécanos históricos sólo ayudaron a alimentar la confusión y cargar de razón a quienes no la tenían. Para colmo, no sirvieron para nada. A Ibn Umayya lo asesinó su propio primo, Abd Allah Muhammad ibn Abú (Aben Aboo), matado igualmente el 13 de marzo de 1571 para poner punto final a la guerra civil. Tres años duró. Como la última. En la que también perdieron los mismos. Y casi de la misma forma.

Aquella nochebuena de 1568 fracasaron los levantamientos en el Valle del Guadalquivir, y la insurrección urbana del Albaicín comandada por Ibn Farax, el Capitán Negro. A pesar de todo, la guerra había comenzado. Era tiempo de cerezas. De rebelión. Pero no todos los moriscos tomaron las armas. La mayoría, los denominados *moriscos de paces*, fueron encerrados en las Iglesias y deportados hacia el interior en una operación política de dispersión preventiva que explica por sí sola porqué hay huellas moriscas por toda España. Más en el noreste peninsular que en litoral oriental o las serranías centrales, desde la maragatería leonesa a las casas de adobe palentinas. Y sobre todo en Jaén, Córdoba, Sevilla, Carmona, Écija, Cádiz y otras localidades de la Andalucía Bética donde la huella mudéjar ya había prácticamente desaparecido por aquel entonces, salvo en las marcas de frontera. Al poco tiempo, por puro sentido común, esos mismos lugares de emigración morisca terminaron siendo caldo de herejes para el Santo Oficio.

Contra la Iglesia-Estado se rebelaron *monfíes* y *gandules*. Los pioneros del bandolerismo andaluz: aquéllos en los montes; éstos en la ciudad. Y del anarquismo. La organización genética y natural de los andaluces. Desde las taifas al cantonalismo revolucionario. Como decía Manuel Ruiz Lagos, «*entre Marx y Bakunin, Andalucía, tradicionalmente, ha elegido el segundo*». Esta huella morisco-libertaria es tan profunda que el mismo Corbacho, uno de los líderes de la Mano Negra, gritó al ser injustamente ejecutado: ¡Viva la libertad! ¡No más Inquisición!

Monfí deriva de la misma raíz árabe que *mindún* o *mencub*, es decir, expropiado, desterrado, despojado (los sonidos vocales *i-e* se corresponden con una sola vocal en árabe: *basrá*). *Gandul* también es palabra de origen árabe a la que el castellano se ha encargado de atribuirle una munición indiscriminada de insultos: fatuo, ganapán, perezoso… Nada que ya no sorprenda en esta obsesión pertinaz de manipulación histórica a través del lenguaje. Incluso a los moriscos se les echó la culpa de la peste que asoló media España en el XVII.

El anarquismo irredento de monfíes y gandules integraba todo el arsenal humano de las milicias moriscas. Casi todo concentrado en las Alpujarras granadinas y Axarquía malagueña. La insurrección en Sevilla o Córdoba ni siquiera alcanzó el rango de parodia. Y es normal que así fuera dado el escaso número de musulmanes que existían en la zona, para colmo, moriscos de paces recién deportados.

Con las heridas abiertas, el levantamiento estuvo cargado del mismo odio hacia el opresor y de la misma animalidad anticatólica, anticlerical y anti-iconoclasta que caracterizaron las primeras escenas de la última guerra civil española. El parecido asusta. Pero es lógico. Responde a idénticos estímulos. A mi juicio, incluso a la misma herida. Quemaron las Iglesias. Las imágenes. Curas. Sacristanes. Cristianos viejos... La represión contra los vencidos, culpables o inocentes, ordenada por Juan de Austria no fue menos sanguinaria. Y no digo más de la inquisitorial posterior.

Aquellos guerrilleros y maquis de la posguerra llevaron por apodo lugares emblemáticos de la rebelión morisca. Jubiles, por ejemplo. Como aquellos moriscos, también fueron declarados «*ydos a la sierra*». Y las estrategias bélicas de unos y otros también fueron similares, guerras de guerrillas, pedradas y cuchillazos, saqueos y emboscadas, producto de la escasez de recursos materiales y humanos comparados con los del otro bando: tercios imperiales, caballeros de la orden de Santa María de la Blanca Espada, tropas señoriales, cuadrillas, ventureros y milicias concejiles. Militares y paramilitares regresados de las campañas en Francia y Holanda. Todos contra el moro. Que no lo era. Y que ya lo sería para siempre.

A monfíes y gandules los movía el deseo legítimo de volver a ser lo que fueron: musulmanes. Incluso algunos se habrían conformado con mantener su lengua, su forma de vestir, sus comidas o sus zambras, sin entrar en más asuntos espirituales. Sencillamente, reivindicaban el derecho humano a ser quienes eran. A los integrantes del otro lado no les movía el corazón sino el bolsillo. El negocio. El botín. Sólo eso. De hecho, la guerra duró más de lo previsto porque muchos de los cuadrilleros, ventureros y soldados abandonaban la lucha una vez repletas las alforjas. Tan desierta quedó la zona conquistada que más tarde, ya acabada la contienda, llegaron a repoblarla buscadores de los míticos *tesoros de moros*. Hay infinidad de testimonios sobre el particular que evidencian la bajeza de la condición humana. De los vencedores.

Otros moriscos prefirieron usar la cabeza en lugar de los puños, e ingeniaron los libros plúmbeos de Valparaíso (hoy barrio del Sacromonte) para intentar vender la hermandad cristiano-musulmana sobre santos y vírgenes comunes. Se ha escrito mucho y bien sobre el particular. Personalmente, me adscribo a la brillante tesis de Manuel Barrios que señala a Pedro de Castro, arzobispo por entonces de Granada, y a su tozudez sobre la veracidad de esas láminas como uno de los móviles sociales que alimentaron la necesidad de la represión contra los moriscos. Cosa distinta, al menos para mí, fue el hallazgo de una cajita de plomo en el día de San Gabriel de 1588 bajo la torre Turpiana de la Catedral, antiguo minarete de la Mezquita de Granada. Contenía un hueso, la mitad de un pañuelo y la litografía de una Virgen María, morena, «egipciana», como la que cantamos en los villancicos sin darnos cuenta. Y junto a estos fetiches, un pergamino en cuatro lenguas (romance, latín, árabe y caracteres sueltos en griego), para que cualquiera pudiera entender una apocalíptica profecía de San Juan Evangelista que afectaba por igual a judíos, cristianos y musulmanes. Para la Iglesia católica los huesos son verdaderos. Pero este pergamino no deja de ser otra invención más con la que los moriscos intentaron contrarrestar presagios similares en su contra. Por entonces corría un *jofor* sobre la segunda pérdida de España, atribuido premeditadamente al morisco Ibn Daud para alentar aún más el rencor entre las masas. La leyenda cuenta que este misterioso pergamino viajó desde las costas de Efeso (donde vivían la propia Virgen María y su autor el Evangelista) hasta Granada en las manos de San Cecilio, el alter ego del verdadero Santiago, hermano gemelo de Jesús. Ahí queda eso. Yo fui a la Abadía del Sacromonte sólo para ver el lienzo y aquellas láminas circulares de plomo. Se exponían al público en una urna de cristal, en mitad de una sala rodeada de cuadros, tras siglos de ocultación en el Vaticano. Sin embargo, nadie me las enseñó. Ni me dejaron mirarlas ni fotografiarlas. Como si estorbaran. Luego me mostraron las catacumbas y los huesos auténticos del santo. Y al salir a cielo abierto disfruté de los alrededores de la abadía plagados de estrellas sincréticas de seis puntas, como las que Rafael Castejón encargó en torno a la Facultad de Veterinaria de Córdoba (hoy Rectorado), obra cumbre del regionalismo andaluz. El pergamino estaba colgado en la pared. Invisible. Entre lienzos de abades y similares. Como un intruso. En él se habla de la venida de Muhammad y de Lutero. Aquél como salvador y éste como hereje. Auguraba el fin del mundo. Al menos, del morisco. Y en las tres profecías acertó.

El resto de moriscos repartidos, derrotados y asimilados, no tuvieron más opción que aprender otro idioma, hablar en «cristiano» y convertir el árabe romanceado en una lengua de tradición oral condenada a extinguirse. Para no ser descubiertos. Se vistieron con zapatos a los que llamaron como a sus conquistadores: castellanos. Para no ser descubiertos. Dejaron de lavarse a diario con tal de no oler a «moro». Para no ser descubiertos. Comieron cerdo a todas horas. Para no ser descubiertos... Y aún así, fueron expulsados. Como a los monos de la Península: para destruir la prueba.

LOS MONOS DEL RIF

Si yo lo supiera
Que no me querías,
Yo renegara de Dios y me fuera
A la morería.

Mayte Martín *(Siguriya y Cabal de la Pena, www.elpena.com)*

Escribo desde Tetuán. La ciudad de los ojos y de los manantiales. Marruecos, Ceuta y Melilla están en alerta máxima. Peligro. Atentados terroristas. Militares por todas partes que hacen lo mismo de todos los días. Tetuán y yo tenemos los ojos abiertos para ver más allá de lo evidente. Y sólo percibimos paz. Nada de «choque» ni de «alianza» de civilizaciones. A lo sumo, un latente y silencioso «choque de ignorancias» a lo Sami Naïr. O «de percepciones» según Tariq Ramadán. Un profesor de nacionalidad suiza, musulmán de religión, europeo de cultura, egipcio de memoria y universalista de principios. Yo prefiero llamarlo «choque de prejuicios». Porque no hay ignorancia cuando no se quiere saber lo obvio, ni percepción cuando no se quiere mirar lo evidente.

Hay monos en las montañas nevadas del Rif. Como en Gibraltar. Pero no son monos ingleses ni marroquíes. No vinieron a la península en barco o en avión desde Gran Bretaña. Ni cruzaron el estrecho nadando o en patera. Los monos siempre habitaron en las aceras de la calle de agua. Sólo que a España le incomoda hospedar animales, plantas, filósofos o matemáticos que la asocien con África y la separen de los estereotipos europeos. Por lo mismo echamos a los moriscos. Ya lo dije, prejuicios. Junto a la hipocresía y los intereses económicos, los tres ingredientes del nivel básico social del subconocimiento de Golding. Que no haya monos en Tarifa equivale a tomar por extraño lo que por esencia nos pertenece. Los monos son tan nuestros como el azul de Chauen.

No existe el pretendido choque de civilizaciones maquinado por Lewis, Huntington o Fukuyama más allá de la realidad virtual que llena los periódicos y las televisiones de atentados en árabe. Así consiguen el consentimiento global en torno a las guerras inventadas por los dueños del planeta y sus aliados terroristas. Unos y otros son la cara y la cruz de la misma moneda. Dos alimañas siamesas cosidas por la espalda, que comparten el mismo cerebro contaminado, las mismas intenciones depredadoras. Pero no el corazón porque carecen de él.

La verdad sólo es apreciable por los ojos y la conciencia de cada uno. Y como no nos pueden extirpar las córneas, nos han mutilado la capacidad de entender. Confieso que sentí algo de esperanza en el invento de la «alianza de civilizaciones». Un producto de *marketing* político con pocos comerciales porque ni sus dueños creen en él. Lástima. Estamos perdiendo la oportunidad de redescubrirnos iguales. De saber quienes somos mirando al otro que soy yo mismo. Y a cada segundo que desperdiciamos, la televisión lo abarrota con las instantáneas de muertos y muertos. Tan inocentes como los monos que habitaban el mapa político de España.

Monos y moriscos son la misma cosa: desterrados por inconvenientes. Como rojos tras la guerra. Como negros en patera. Pero igual que quedan monos en la Europa inglesa del sur de España, hubo moriscos que se quedaron en la península. Ocultando lo que eran o exhibiendo lo que nunca fueron. Hasta convertir su identidad en la superación del síndrome de su pérdida. Algo que no podían hacer los monos, por más que conmemoremos el centenario de Darwin. Por eso no quedan monos españoles fuera de los zoológicos. Pero moriscos, sí. Los ecos vivos de su resiliencia demuestran que no es verdad lo que nos contaron. Fracasó el negocio genocida de su expulsión. No se fueron porque somos ellos. Llevamos su cultura tan adentro como la vena yugular. Sólo tenemos que aprender a verla. Y comprobar con nuestros propios ojos que la sinrazón racista y xenófoba de hoy se alimenta de aquel trauma de ayer. Desgraciadamente. Todavía.

Yo llamo monos del Rif a una especie humana en extinción que demuestra por sí sola la insolencia y la locura de los españoles: los *moros fachas.* Aquellos musulmanes que lucharon en el bando franquista. Engañados por un mendrugo de pan, equivalente hoy a una pensión de cuatro euros mensuales. Las viudas y las mujeres de los vivos y los vivos, tienen DNI español. Hablan español. Y son odiados por las dos Españas. La roja y la azul. Aquélla, por haber luchado en el bando fascista. Ésta, por ser musulmanes. Y ellos, con el alma dividida, no entienden qué hicieron, por qué lo hicieron y para que les sirvió tanta pérdida de sangre inútil.

En sus arengas incendiarias, Queipo de Llano se encargó de alimentar este odio dual ensalzando la animalidad de sus aliados musulmanes: «*enseñarán virilidad a esos rojos afeminados y a sus mujeres*». La misma xenofobia ancestral rezumaban los discursos del otro bando en relación a los moros de Franco. Hasta Goytisolo llegó a afirmar que algunas soflamas de La Pasionaria sólo podrían entenderse hoy en clave racista: «*Morisma salvaje, borracha de sensualidad, que se vierte en horrendas violaciones de nuestras muchachas, de nuestras mujeres, en los pueblos que han sido hollados por la pezuña fascista*» (*vid.* Martín, M. El colonialismo español en Marruecos. Ruedo Ibérico, París, 1973, p. 181). En honor a la verdad, una vez coagulada la sangre del conflicto, fueron diputados comunistas los primeros en pedir la equiparación jurídica para descendientes de moriscos en los Parlamentos español y andaluz. Sin éxito. Por ahora.

Más allá de la brutalidad de la guerra, más allá del mito, de la verdad y la mentira, Franco se encargó de levantar una cruz faraónica en el Valle de los Caídos para recordar a vivos y muertos la razón última de la matanza. Fue una cruzada. Católica. Contra el ateísmo marxista. Y por eso la Iglesia y sus obispos y sus curas se pusieron de su parte. En aquel momento, aquellos musulmanes aliados también eran creyentes en *Isa,* Jesús, el mismo Profeta de unos y otros. Terminada la guerra, no. Pasaron a ser lo que siempre fueron: infieles. Cuando ya no los necesitaron, la Iglesia y el Estado los expulsó de la península. Como a sus hermanos moriscos.

La vida suele vengarse de la historia. Covadonga, por ejemplo. Aquella batalla falsa y falseada que sirvió para fundamentar la Reconquista, existió realmente pero siglos después. La colina fue tomada durante la guerra civil por los musulmanes franquistas. En recompensa por la victoria, el dictador los envió a otras montañas. Lejos de la península. Al otro lado del estrecho. Al Rif. Allí los trató como a monos. Y luego fueron los gobiernos democráticos quienes tomaron el relevo demostrando idéntico desdén. Hasta hoy.

LA NOCHE OSCURA DEL ALMA

«Ya en 1936 comencé a darme cuenta de nuestra ignorancia acerca de nosotros mismos; ni sabíamos quiénes éramos, ni por qué nos matábamos unos a otros. Hablo en primera persona por haber oído en la radio de San Sebastián en julio de 1936, la noticia de mi fusilamiento».

Américo Castro

Imaginemos que la primera vez que Maimónides dejó Córdoba fue para continuar sus estudios de medicina en Toledo. El judío abandona su ciudad a punto de ser invadida por los almohades, y se instala en otra ya conquistada por los católicos. Corrían tiempos de intransigencia intelectual y moral a los dos lados de la siempre difusa y elástica frontera de Al Ándalus. A pesar de ello, judíos, musulmanes, cristianos, ateos y paganos se entendían en las mismas lenguas. Compraban y vendían con la misma moneda. Y bailaban las mismas músicas.

Maimónides se alojó en casa del que sería su maestro Ibn Ferrizuel, más conocido como Avensole. Vivía muy cerca de un asilo de muerte para miserables. Cuando caía la noche oscura, el maestro enviaba a Maimónides al pudridero para comprar cadáveres. A cambio de unas monedas y aliviarles la peste, los celadores relajaban la vista y aliviaban su memoria. El muerto atravesaba la calle a lomos de una bestia hasta la casa de Avensole. Y allí, rodeado de velas y luminarias de aceite, se diseccionaba. El maestro tenía abierto sobre la mesa el *Ars Parva* de Galeno. Un atlas infalible de anatomía humana. Esa noche, el muerto era muerta. Desnuda. Amarilla. Joven. El cuchillo de Avensole la rajó de arriba abajo como un tamal de arroz. Neumonía. Maestro y discípulo cotejaban la disposición de las vísceras con el manual de Galeno. Tras limpiar una capa viscosa sobre el vientre, Maimónides observó que el hígado no se hallaba en el lugar descrito en el libro, que la bolsa del estómago tampoco coincidía en la forma con la sugerida por Galeno, que el nervio del diafragma bullía por error donde no debía estar, y que, para colmo, sólo tenía una matriz en lugar de dos. Avensole sentenció que aquel cadáver estaba mal hecho. Galeno no podía estar equivocado. Pero Maimónides prefirió la verdad de sus ojos a la verdad de los libros.

Decía Américo Castro que «la verdad de una creencia indemostrable está en razón directa del número de quienes creen en ella o tienen que hacer como que creen en ella por unos o por otros motivos». Y son muchos los españoles a lo largo del tiempo que han terminado por admitir como única verdad que el muerto está mal hecho. Unos, porque les interesa la mentira documentada a la verdad. Otros, porque son ciegos sensoriales y no podrían ver otra cosa aunque quisieran. Me da igual que sean albañiles o catedráticos de historia medieval. Fachas o de extrema izquierda. La mayoría confunde lo étnico con lo religioso. Y el más progresista afirma que somos mestizos porque llevamos sangre mora. Y el más reaccionario que los echamos tras ocho siglos de Reconquista. Para unos y otros no eran como nosotros. No eran de aquí. Eran árabes. Y unos y otros no ven porque no saben.

Hablo de una inmensa cámara oscura que ha logrado transformar esa mentira en cierta, y la verdad evidente en falsa por invisible. Hablo del mito platónico de la caverna con los inocentes dentro y los culpables fuera. De la «noche oscura del alma» de San Juan de la Cruz, con la que Borges bautizara la época que malvivió España desde los decretos de expulsión hasta la segunda república. De la *era flamenca* de Blas Infante. Hablo de la ceguera de la ignorancia sobre la que se asienta el derogado nacional-catolicismo español y que impregna a machistas y feministas, a ecologistas y neoliberales, a justos y pecadores por igual. De la «ignorancia protectiva» que tanto denostó Américo Castro.

Hablo de acabar ya con esta mentira, aunque sean más quienes crean en ella, o actúen, o hayan actuado como si la creyeran.

La versión más rancia y tradicional de la identidad españolista se edifica sobre una sarta de embustes asumidos como credos por el subconsciente colectivo. A fuerza de ser repetidos (como en la poética escena del maestro en el «Cuento de las dos orillas» de Jesús Armesto). A fuerza de negar lo evidente. A fuerza de no hacernos preguntas. A fuerza de no responderlas. O de matar a quien lo hacía. Un asesinato a la verdad y al sentido común que no sólo ha derogado la realidad de lo vivido, sino la ciencia médica al demostrar que los prejuicios ciegan más que los glaucomas.

La noche oscura del alma es la etapa más determinante de la auténtica historia de los pueblos de España (incluidos los americanos y otros territorios de acogida morisca y marrana). No la que se escribe de batalla en batalla. Ni siquiera de derrota en derrota. Hablo de la historia social y cultural de la gente sencilla. De los hombres y mujeres de paz. Los que viven para olvidar. Los que olvidan para vivir. Y que, sin embargo, conservan inconscientemente la memoria antropológica y viva de sus antepasados en lo que dicen y hacen. En lo que comen y cantan. Hablo de la inmortalidad de las culturas que sobrevive a sus creadores y asesinos. Hablo de ti y de mí.

La expulsión fracasó. Y el éxito de la resistencia íntima y clandestina de la cultura de los derrotados frente a la cultura de los vencedores se forja a partir de entonces. Cuando ya no quedan diferentes en la España peninsular. En teoría. Pero no hay dios que se lo crea. Y la prueba más contundente de la incredulidad divina fue la persistencia de la barbarie inquisitorial hasta finales del XIX. Si no quedan judíos, ni moros ni gitanos, ¿a quién había que perseguir? ¿A la minoría protestante que apenas influyó en el alma hispana? No. Había moriscos. Y judíos. Y gitanos. En todas partes. Asimilados o escondidos. En los arrabales de las grandes ciudades o en los pueblos más pequeños y apartados del Bierzo, Sierra de Hornachos, Las Hurdes, Albarracín o el Valle de Genal. Y la ósmosis entre la deportación de los derrotados y la repoblación de los vencedores, el cruce de invasores hacia dentro y de invadidos hacia fuera, la primera explicación sensata de la vigencia cultural morisca por toda España.

Hubo una importante deportación preventiva de moriscos antes y durante la guerra civil por tierras de Castilla, León y Portugal. A esa le siguió una segunda operación de destierro, lógica tras la derrota. Luego, la definitiva expulsión. Y más tarde, algunos regresaron. Todos estos exilios fueron humanos y civilizatorios. Los dos a la vez. Unos se fueron a otras tierras con su cultura a cuestas. Y otros llegaron a las tierras donde permaneció la cultura de los que se fueron. El morisco exiliado y el cristiano repoblador se fundieron así en un abrazo civilizatorio más propio de hermanos siameses que de enemigos.

En una estimación a la baja se calcula que en 1570 ya se habían marchado 150.000 moriscos del Reino de Granada. En una estimación al alza, apenas 13.000 cristianos *okuparon* las tierras y los aperos de los moriscos deportados. La desproporción es escalofriante. Aquéllos se fueron a tierras ajenas para seguir haciendo lo que hacían. Sin nada. Con lo puesto. Muriendo por el camino. Dejando atrás sus casas y sus vidas. Los cristianos, por el contrario, tuvieron que aprender a hacer lo que hacían los moriscos en sus tierras recién tomadas para sobrevivir. Las culturas son permeables cuando lo impone la fuerza de la espada o del hambre. Y a los repobladores no les quedó otra que copiar a los conquistados en sus funciones primarias para seguir vivos. Aprendieron a sembrar. A regar. A resguardarse del calor. Incluso del frío de otra manera. Y cuando descuidaron, ya se divertían a la usanza morisca, aunque acomodada a los dictados que exigía la apariencia católica. Seguían comiendo cerdo. Y vino. Pero ahora lo acompañaban con frutas y verduras. Y hacían palmas. Y hablaban a voces. Y colgaban macetas en el patio...

El mismo fenómeno ocurrió en los lugares de destierro. Por cierto, en muchos más de lo que en un principio pudiera parecer. Los moriscos se dispersaron por la península como si los dispararan con postas. Tras la primera deportación preventiva de moriscos de paces recién comenzada la guerra, Felipe II diseña un plan de evacuación de los derrotados a las zonas rurales del norte para limpiar Granada. La obsesión filipina era alejarlos como sea de la Andalucía Bética. Las huellas estaban demasiado recientes allí. Saltaban a la vista. Y en cualquier momento podía prender la llama de la revuelta. Siguiendo escrupulosamente a

Manuel Barrios, en la primera semana de noviembre de 1570 los moriscos serían concentrados en las principales ciudades del reino (Granada, Málaga, Almería, Ronda, Guadix, Baza, Vera), para desde allí ser conducidos hacia las tierras de la Corona de Castilla previamente determinadas. El plan disponía la siguiente distribución: los moriscos de la Serranía de Ronda, Hoya de Málaga y sierra de Bentomiz: hacia Extremadura y Galicia, por Córdoba; los de la Vega de Granada, Valle de Lecrín, Marquesado del Zenete y hoyas de Guadix y Baza: hacia la Mancha, Toledo y Castilla la Vieja; los de la zona de Almería: hacia Sevilla, por barco.

El plan fracasó con estrépito. Porque ocurrió justo lo contrario de lo que el monarca deseaba. El camino hacia el norte era desolador. Frío. Terrible. Lejano. Salvo rarísimas excepciones, los moriscos no llegaron a los destinos previstos en la cornisa cantábrica, Asturias y Galicia. La mayoría se ubicaron bajo la frontera imaginaria que une Badajoz y Murcia, sobre todo en La Mancha. Seguro que ahora cobra más sentido el mensaje intencionado y críptico del comienzo de El Quijote. Eso no quita para que existieran asentamientos moriscos más al oeste y al norte. En el Alentejo y Algarbe portugués. O en los alrededores del viejo Reino de León. Especialmente importantes fueron los de Salamanca, Medina del Campo, Valladolid, Ávila, Segovia y la comarca maragata. Miles de moriscos arribaron en barco al barrio de Triana. Otros acabaron condenados a galeras en las costas de Cádiz. Incluso se ordenó cazar a moriscos ya expulsados en las costas africanas para paliar el déficit de remeros. Caravanas de emigrados recalaron como esclavos de la nobleza del Valle del Guadalquivir. Antiguos productores de seda, joyeros, terratenientes y otros moriscos acaudalados se infiltraron entre la nobleza granadina pagando una fortuna por sus estatutos de limpieza de sangre. Si a eso unimos que la mayoría de la población morisca seguía concentrada mayoritariamente en el Levante, Cataluña y Aragón hasta la expulsión definitiva, redescubrimos una nueva España plagada de presencia morisca, aunque proclive a la concentración étnica en comunidades de seguridad y solidaridad allí donde llegaban.

El nacimiento de las morerías rurales y urbanas convierte a la nación morisca por primera vez en minoría. Visible. Potencialmente peligrosa. Sus índices de natalidad eran muy superiores a los de los cristianos viejos. La comunidad crece en las afueras de manera endogámica. Se refuerzan los vínculos de solidaridad. Y es entonces cuando la mayoría comienza a padecer eso que llama Arjun Appadurai la «*angustia de lo incompleto*». La maquinaria propagandística y terrorífica de la Iglesia- Estado otorga definitivamente carta de naturaleza a lo «español» como *identidad predatoria*. El mismo autor llama predatorias a «aquellas identidades cuya construcción social y movilización requieren la extinción de otras categorías sociales próximas, definidas como una amenaza para la existencia misma de determinado grupo definido como *nosotros*. Las identidades predatorias surgen, periódicamente, de pares de identidades, a veces de conjuntos de más de dos, que poseen una larga historia de estrecho contacto, mezcla y cierto grado de formación de estereotipos mutuos».

La angustia de lo incompleto sólo se calma con la homogeneización social y cultural en torno a la identidad predatoria. El morisco abdica públicamente de su condición religiosa para sobrevivir. Sin embargo, la renuncia vino acompañada de un incremento en la observancia estricta de los ritos musulmanes de puertas adentro. Por inercia, casi sin querer, el morisco no pudo evitar que su potencial civilizatorio terminase ocupando como un gas los vacíos culturales en sus lugares de destino. A pesar de vivir en *guetos*. Apartados. De esta manera se produjo una curiosa contaminación cultural entre unos y otros que, unida a la asimilación forzosa del pueblo morisco, fomentó una identidad sincrética y común que matizaría el rigor de la identidad predatoria. Sobre todo en el bajo Aragón, Levante y Andalucía Bética, donde de manera casi natural se superpuso el exilio morisco de interior a la inmanencia del mudejarismo asimilado en los rescoldos de la civilización andalusí.

El germen de este proceso irreversible tiene lugar entre 1570 y 1609. Casi cuarenta años. Tiempo suficiente para que las segundas y terceras generaciones utilizaran los mismos ladrillos que separaban a unos y otros, para construir una misma casa común. La Iglesia-Estado no soportaba este grado de contaminación cultural en la mayoría, por más que el morisco se disfrazara bajo el histriónico fervor católico del converso. No se lo cree. Y decide su expulsión humana como solución definitiva al virus que ha infestado de matices criptoislámicos a casi toda la península.

La operación comienza en el Levante en 1609. El año siguiente serán Andalucía y Aragón las víctimas del Racismo de Estado. Y así hasta que en 1614 quedan técnicamente exterminados de la faz de esa nueva España, una, grande y libre, que jamás lo fue en ninguno de sus tres epítetos.

El primer lote de moriscos embarca el 6 de octubre de 1609 desde Alicante. Durante la primera quincena, los portes corrieron a cargo de las arcas públicas. Los siguientes fueron sufragados por el *moro rico* si no quería pasar por el mismo trance que el pobre. El caos lo aprovecharon ocupas y saqueadores de las casas moriscas en tierra firme, y armadores por encargo en alta mar que aumentaron artificialmente los viajes desembarcando a los deportados a mitad de camino. A la bancarrota del negocio de la seda y del abandono de los campos, se unió el escándalo de las miles de monedas de vellón falsas que los ladrones pusieron de golpe en circulación tras robárselas presuntamente a los moriscos. Un desastre económico, político, social y cultural de galácticas dimensiones.

Con mayor razón incluso que en las revueltas alpujarreñas y sur-peninsulares, los moriscos levantinos se negaron a aceptar la afrenta. La insurrección fue anárquica en su organización y lánguida en su munición. Faltaban cabezas y puños. Uno de los epicentros se situó en el Valle de Cofrentes y el terremoto apenas alcanzó la peña de Muela de Cortés. Al modo de Ibn Umeyya, nombraron último rey de la resistencia morisca a Turixi, preso y muerto a bocados en la plaza de Valencia. Las mujeres también optaron por lanzarse al vacío con sus niños en brazos antes que vivir vacías sin sus hombres. Idéntica represión sufrieron los moriscos insurrectos del Vall de Laguar (*Alahuar*), en las costas de Denia, encabezados por el proclamado rey morisco Milino. Las matanzas de Murla y el Castillo de Pop, a cargo de mercenarios y soldados sicilianos, sobrepasaron los límites de lo inhumano. Cerca de 40.000 supervivientes fueron embarcados hacia Orán. La mitad no llegaron. El resto se tiró a los montes hasta bien entrado el 1612. Algo similar ocurrió en Hornachos. Tras la represión, los pocos que salvaron el pellejo se lo jugaron después pirateando en los barcos de Salé. Los moriscos andaluces fueron trasladados a Cartagena y desde allí a ninguna parte. Muchos consiguieron escapar en esa misma zona. La patria de los cantes mineros de La Unión. Los últimos salieron oficialmente en 1614.

En total, más de 300.000 mil moriscos españoles fueron deportados. A partir de entonces, la historia se bifurca. Una se va con ellos a los puertos de destino. La otra se queda en la península embozada en la noche oscura del alma.

RAÍCES Y PIERNAS

Mi patria en mis zapatos
mis manos son mi ejército

El último de la fila *(Enemigos de lo ajeno)*

Si Dios hubiese querido atarnos a un lugar nos hubiera puesto raíces y no piernas. Los árboles mueren donde nacieron. Por naturaleza. Los hombres, puede morir donde quieran. Por conciencia y libertad.

Se emigra por hambre. Y se exilia para el hambre. Y en ambos casos, la emigración y el exilio hacen árboles de los hombres. Porque a la fuerza les hace crecer raíces en las piernas para condenarlos a morir donde no querían. Lejos de su madre. Llamándola. Dicen que cuando te amputan una pierna no pierdes jamás la sensación de tenerla. Igual ocurre con el cordón umbilical. La vida es sólo un trámite diseñado para intentar olvidar aquella dependencia. He visto morir a varias personas y todas ellas llamaron a sus madres en su último aliento. Y la madre común de los emigrantes y exiliados es su tierra. Su patria sentimental. Su casa. La *elejía* andaluza de Juan Ramón. Matarían por morir en ella. Y mueren sin haber superado la tragedia de su pérdida.

A pesar de la crueldad sancionadora de los decretos de expulsión y pureza de sangre, fueron muchos los moriscos que decidieron quedarse. Dispersos. Ocultos. Sin embargo, casi medio millón de españoles cambiaron sus raíces por piernas y a su madre por una madrastra. Miles murieron en el tránsito a ninguna parte. Ahogados en el mar. Otros marcharon a las américas, Europa, al turco o berbería, llevando consigo las nanas de su madre, la ciencia, la literatura y la nostalgia de Al Ándalus. De Dante a Spinoza. De Leonardo a Verdi. Y por esa misma razón hay cruces en los dinteles de Mykonos, o son azules las puertas en Chauen o Sidi Bou Said, o hay tulipanes en Holanda, o barrios cuadriculados en Testour, o apellidos andaluces en Malta, o se bailan villancicos en los Balcanes, o se persignan sin la vertical en Tetuán, o rezan poemas cordobeses en Tombuctú, o cantan el Señor Don Gato en Barranquilla, o romances en Salónica, o juegan al alacrán en Montevideo o en Salvador de Bahía, o están limpias las chozas de Agadez ... Agadez tiene la misma raíz que Agadir en Marruecos y Gades (Cádiz), la ciudad más antigua del Occidente europeo. Agadez y Agadir están en el Atlas. Y Cádiz quizá estuvo en la Atlántida. En la Bética. En Al Ándalus. En Andalucía. El estilo arquitectónico de las Mezquitas del Níger, desde Tombuctú a Agadez, es obra del exiliado granadino Es Saheli. De un andalusí. De un andaluz. De un español. Allí viven negros que llaman vasos a los pozos, ondas a las dunas, beben alcohol, bailan con los brazos en alto y hacen palmas con las manos atravesadas.

Quiero decir con ello que la prueba de la diferencia no pudo ser destruida en su totalidad. Era prácticamente imposible. Ni dentro, ni fuera de la península. Siendo inagotable en los paisajes, en las calles o en las casas, todavía era más descomunal e inaccesible en el alma. Casi intacta en los hijos de los que se fueron. Y oculta o transformada en los hijos de los que se quedaron. Sólo hay que comparar unas y otras para demostrar la pervivencia de la huella morisca y conversa en cada uno de nosotros.

Y no siempre es fácil. Reconociendo que en la mayoría de los casos fueron bien acogidos por pueblos más pobres económica y culturalmente que ellos, a muchos de esos moriscos sin patria también los trataron como extranjeros en sus lugares de destierro. Especialmente en berbería y norte de África. Expulsados de la península por descender de musulmanes, allí sufrieron un desprecio similar por parecer cristianos. No hablaban árabe. Algunos eran rubios. Con ojos azules. Y rezaban de rodillas sin llegar a humillarse.

Quizá uno de los poetas que mejor expresó esta nostalgia del extrañamiento fue Ibn Al Abbar de Valencia: «*El hombre apasionado, como rama agitada suspira por su patria. Y cuando, inflamado por el anhelo, recuerda su tierra natal, se le funde el corazón como el hierro. Si desea consuelo, se lo negará el recuerdo de unas citas cuya época pasada no es ya sino objeto de alabanza*» (La patria). En muchos de sus poemas deja constancia, además de este dolor inherente al exilio, de una insoportable sensación de rechazo y desarraigo: «*Maldicen los enamorados la separación y yo, a mi vez, la maldije; mas se cansaron ellos y no me cansé yo. Antes de partir se despidieron ellos, mas no me despedía yo. Lloren por mí las plañideras, que, sin ser criminal, de mi tierra me sacaron para colocarme un día en una tierra en la que el árabe honra ahora al cristiano. No hallo reposo ni una sola noche. Noche tras noche me lamento, día tras día*» (En tierras cristianas).

Sea por razones de autoprotección o por desprecio, el caso es que se fundaron pueblos de morada exclusiva para moriscos-andalusíes, o se refugiaron al modo sefardí en barrios enteros que tomaron el nombre de su procedencia. Y allí, una vez a salvo, disimular. Yo he visto a mujeres marroquíes repetir el nombre de *Allah* pasando la mano de un hombro a otro, como si hubieran amputado la vertical al rito de persignarse. El mismo instinto de protección les condujo a una tendencia endogámica. Y así conservaron su memoria genética en sus rostros y la intangible de su cultura en sus gestos. Los descendientes de musulmanes andalusíes o moriscos norteafricanos suelen tener la tez más blanca. Curiosa paradoja. La deportación con falsos criterios étnicos en origen produjo comunidades de sangre en destino. Y unos guardan los rasgos. Como el hermoso romance sefardí que aún se canta en Salónica: «*Morenica a mi me llaman. Yo blanca nací. Y el sol del enverado. Yo m´hize ansí…*». Otros, conservan palabras. Ritos. Juegos. Pergaminos. Las llaves… Y todos, el nombre de Al Ándalus en el cielo de su boca. Su verdadera matria.

A diferencia de los sefardíes, Europa no fue destino natural de moriscos. Temían padecer idéntica persecución religiosa. Y con razón. Católica o protestante. Qué más da. El confesionalismo había calado en los tuétanos de reyes y Papas. Por eso marcharon en un gran número a las américas. En cargamentos clandestinos como pateras. O registrados legalmente una vez asimilados por fuera, y en muchos casos manteniendo el espíritu criptoislámico por dentro. A los monarcas españoles les interesaba la colonización cristiana del nuevo continente. Rápida y numerosa. Y no había mucho donde elegir en la península, dados los rigurosos controles espirituales de supervivencia, y las permanentes levas contra el turco y el resto de enemigos europeos. Puro sentido común: no puede entenderse la historia de la conquista de América al margen de los sucesos políticos que marcaron esos siglos a la potencia colonizadora.

Tuve la inmensa fortuna de conocer y entrevistar a Luisa Isabel Álvarez de Toledo, Duquesa de Medina Sidonia. La llamaban roja. Como la sangre que bullía por sus venas cuando hablaba de la presencia precolombina de los andalusíes en América. Yo la recuerdo viva. Rigurosamente viva. Negando la fortuita coincidencia en el mismo año de las dos mentiras que han marcado para siempre el devenir de España: el «descubrimiento» de América y la «reconquista» de Granada. Parecía la niña de Alberti, rosa sentada, demostrando sobre un atlas su tesis del complot político: aquellos reyes recrearon la pantomima de revelar lo ya conocido para monopolizar la colonización del «nuevo» continente. Y se erguía electrocutada para buscar entre sus miles de legajos pruebas y más pruebas. Y sacó mapas de aquellas Indias con fechas anteriores a su pretendido descubrimiento. Y me señalaba toponímicos en América que ahora sólo quedan en África, salvo las coincidencias de las Guayanas y la Guinea. Y me leyó un diario de Hernán Cortés en el que describía mezquitas en México. El mismo que exportó el negocio de la seda, desarrollado después por Antonio de Mendoza, Virrey de México y morisco granadino… Alucinante.

Yo había estado años antes en Colombia. Y fue como comprobar algunas de sus teorías con efectos retroactivos. No me sorprendió en absoluto sentirme alma gemela en cualquier parte. Ni el espejo andaluz de las calles y tejados de La Candelaria. Ni las barracas de los marginados en Ciénaga, el Macondo de García Márquez, en la desembocadura del Magdalena, lugar mencionado por pescadores onubenses por las costas de Guinea en 1579. La americana, por supuesto. En el caribe colombiano llaman turcos a los hijos de emigrantes musulmanes, sin saber que en su gran mayoría son descendientes de moriscos deportados antes, durante y después de la expulsión. La vasta América permitía cierto grado de relajamiento en la persecución inquisitorial según qué zonas. Por eso muchas de las huellas moriscas se conservan casi intactas, sin las deformaciones que sí padecieron en la España peninsular. Especialmente evidentes son las secuelas de las revueltas esclavas en el Caribe o en el Brasil de las que tanto me hablaba mi amigo Eduardo Oddo. Pero hay muchas huellas estrictamente moriscas. Desde los gauchos argentinos a las tribus *Zunis*, pasando por las princesas *wayús* del Cabo de la Vela (la misma raíz que *wahy*). Personalmente me encanta la sugestionadora interjección *guácala,* muy empleada en Colombia, derivada de *waqia Allah* o experiencia definitiva que produce en el ser humano la sensación de «caer» en la cuenta de la existencia de Dios. Y por encima de todas, la Guajira. De dónde son los *wayús.* Una sola palabra que nombra a la vez una zona caribeña y un palo flamenco, y que nace de la conjunción de los vocablos en árabe *Uad* (Río) y *Ajira.* Este último suele traducirse como la otra vida tras la muerte. Pero también significa «lo más allá, lo distinto, la otra cosa». América. Sobran las explicaciones para una palabra tan evocadora.

Repito que son infinitas, las expresiones, los juegos, las canciones... Sirva como ejemplo de estas últimas, la versión antioqueña del Señor Don Gato. Esta conocida rueda infantil todavía se canta en las medinas-juderías norteafricanas y en infinidad de países americanos. La canción habla de la boda de un cristiano viejo descendiente de godos (probablemente *Sidi Ben Kati),* que pretende casarse con la hija morisca (gata blanca) de un morisco, musulmán o incluso «moro» (gato pardo). Ella necesita acreditar su limpieza de sangre para contraer matrimonio. Y el cristiano viejo termina cayendo del tejado y perdiendo todos sus privilegios. Incluso se habla de muerte y de resurrección como símiles de conversión religiosa.

La letra en España es un jeroglífico. Y es lógico que así sea puesto que hasta la ley de 16 de mayo de 1865 se mantuvo vigente la acreditación de la limpieza de sangre para casarse o emprender una carrera política. Sin embargo, no ocurre lo mismo en Colombia donde se mantiene como un mamut en el gulag siberiano:

Estando el señor don Gato/en silla de oro senta'o,/a eso le viene la carta que si quería ser casa'o/con la muringa morisca/hija del gato pinta'o.

Por darle un beso a la ringa/se cayó del enteja'o,/se quebró todos sus güesos y quedó despaturra'o.

Se puso a hacer testamento/de lo que se había roba'o:/cien varas de longaniza,/muchos quesitos cura'o, doctores y cirujanos/lo vinieron a curar, /y no lo pudo/ni el señor doctor gusano.

El trauma del exilio español volvió a reproducirse durante y después de la última guerra civil. Y parafraseando a Neruda, México volvió a abrir sus puertas y sus manos al errante, al herido, al desterrado, al héroe. Y Argentina. Y Estados Unidos. Y Cuba. Y Venezuela... Desde Juan Ramón al más desconocido andaluz con el mismo nombre. Ellos echaron raíces en sus piernas. Y en la espalda llevaron el lastre de ser quienes eran: republicanos. Sólo que la América de entonces les dejó vivir en paz. Por fuera y por dentro. Eran hijos de aquellos otros exiliados moriscos y judíos que forjaron la identidad clandestina americana. La misma que desconocen. Como su madre. Y ahora es España quien los recibe. Con las puertas cerradas. Como una madrastra.

RESILIENCIA

Volver al origen no es retroceder
Macaco *(Moving)*

Existió un tercer exilio. El último. Posterior a las deportaciones previas a la expulsión y posterior a la expulsión misma. Un exilio íntimo. En los arrabales y afueras del pueblo donde nacieron. En su propia casa. O hacia las costas despobladas y los valles del interior para habitar en chozas, en cuevas alejadas de los núcleos urbanos, dispersos o reagrupados en zonas montañosas de difícil acceso. Otros moriscos decidieron vivir en perpetua emigración y se mezclaron con los «egipcianos» peninsulares: los gitanos. Pero todos se arrullaron bajo el disfraz católico para permanecer vivos.

Los Planetas, *La leyenda del espacio.*

Dice una enigmática y doliente verdial en la voz de J: *No sé si me iré a Ubrique o me iré a Grazalema o a Alcalá de los Gazules o al Alosno que es mi tierra.* El morisco no sabe si escapar a la sierra, a la costa, o quedarse donde está, en su tierra, ocultando o simulando su condición conversa.

Camarón, *La leyenda del tiempo.*

Letra de Fernando Villalón. El duende del flamenco canta con los ojos cerrados y una luna y una estrella tatuada en la mano: *«islas del Guadalquivir donde se fueron los moros que no se quisieron ir».*

En este exilio íntimo se halla el origen de la cultura de lo flamenco. La cultura de lo jondo. La cultura de la recuperación del espacio y del tiempo. La cultura de la resiliencia. Nuestra cultura más auténtica.

La resiliencia mide la capacidad física de un material para recobrar su aspecto primitivo después de sufrir una deformación. Un material con memoria. Exportado al ámbito de la psicología, la resiliencia mide la capacidad de una persona o grupo para sobreponerse a traumas vitales y proyectarse fortalecido en el futuro.

No me cabe la menor duda de que el golpe que ha deformado para siempre nuestro atlas psicológico fue la definitiva expulsión de moriscos y judíos. Desde entonces se instaló en el subconsciente colectivo una falsa identidad nacional española basada en la derogación de un nosotros plural para rechazar al otro por distinto. El perverso e intolerante: «todos moros o todos cristianos». La verdad, invirtiendo la demoníaca cita de Jaime Bleda y la lúcida obra de Perceval, fue y es que *todos no son uno.* Ni lo fueron. En el mal ni en el bien. Lo hubo asimilados por completo. Y los hubo totalmente musulmanes. Igual que en el otro lado. Asesinos. Compasivos. Muchedumbre. Pasado el tiempo, sin embargo, pareciera que todos fuésemos portadores de una úlcera de racismo genético que ojalá no hereden ni desarrollen nuestros hijos y nietos.

Se llama *sabr* a la resistencia física y moral del musulmán frente a las adversidades. Es una de las virtudes integradas en las *muruwwa* o modelo ideal de comportamiento, junto a la generosidad (*yawd*), magnanimidad (*hilm*) y la bravura (*hamasa*). Resiliencia o *sabr* suelen confundirse con cobardía, igual que la ausencia de rencor o de odio con debilidad. Quien resiste, gana. Y para el perdedor, la derrota consiste en dejar de luchar, en el abandono de la resistencia.

Como explicaré más adelante, el primer parapeto tras el que resistir fue el nombre de bautizado. La única manera de huir hacia dentro sin moverse del sitio. Todavía se dice que está morito el niño que aún no ha sido bautizado. Sorprendería el inmenso número de moriscos infiltrados en la nobleza, en los cargos políticos y militares, en conventos y órdenes religiosas, o en la mismísima Inquisición. Todavía se canta en Andalucía este resabio de las conversiones masivas como alegoría del pacifismo de su pueblo: «*ay mandilón, mandilón, que de cabeza en cabeza me meto yo en el pilón*». Se llama familiarmente mandilón al hombre de poco espíritu y cobarde.

Sin embargo, a la gran mayoría de los moriscos peninsulares no les quedó más opción que huir. No por cobardía, sino por falta de medios. Sin nombre, pueblo ni padrino. Y todo ello sin olvidar las dificultades lógicas del asimilismo impuesto. Imaginen que ahora le obligan a aprender un idioma que desconoce. Quizá lo hagan sus hijos, pero es tarea casi utópica para el padre o la madre. Espejo de lo que digo fue la reciente emigración castellano-andaluza en Cataluña o Euskadi, por citar los casos migratorios dentro de la península.

Esta masa de moriscos humildes e inadaptados resolvió su exilio de tres maneras: luchando, errando o habitando en lugares marginales o inaccesibles. Los menos se echaron al monte para resistir con hondas y hachas. Fueron los *monfíes*, auténticos precursores del maquis. Apenas hay constancia de *gandules* o milicias urbanas pasada la expulsión. Otros se mezclaron con los gitanos errantes, quincalleros en su mayoría (de ahí proviene la expresión despectiva *quinqui*). Otros se escondieron en pocilgas humanas en los collados más abruptos. Dispersos. Separados por lomas de apenas quinientos metros, como distancia de seguridad para poder escapar en efecto dominó, generando un nuevo modelo proteccionista de urbanismo que ha terminado por convertir la Axarquía malagueña en territorio comanche para constructores y hosteleros. Otros huyeron apenas unos kilómetros de su pueblo de siempre, en las afueras de las alcazabas y los recintos amurallados. En las chozas de las múltiples calles Caridad que aún existen en Andalucía, Levante, Extremadura y La Mancha. O en cuevas como las del Sacromonte o en pueblos tan genuinamente moriscos como Baza o Guadix. Increíblemente, la calle de acceso a las cuevas accitanas se llama cruces. Porque todos, escondidos y diseminados, exageraron formalmente su nueva condición católica para evitar la muerte, la castración, la esclavitud o el destierro. Preparando con manteca sus alfajores tradicionales. Bebiendo vino. Hablando a voces en los lugares públicos. Oreando los jamones en la ventana. Colocando cortinas sonoras en las puertas abiertas...

Pero además de esta ocultación de la memoria, el síndrome

del perseguido también mantiene la memoria de lo oculto. El morisco conservó intactas algunas conductas de otro tiempo y una cultura diferente a la imperativa católica. Hasta olvidar el porqué. Incluidas actitudes propias del *din* o *modus vivendi* del musulmán o el judío. Y se cambiaban de vestido los viernes, se lavaban únicamente los sábados por la tarde, ayunaban fuera de la cuaresma, comían todos alrededor del puchero, llamaban a la oración dentro de sus casas, o circuncidaban a sus hijos...

Todavía juegan los niños varones de Andalucía al peyorativo «salmorejo», «agarejo» o «agaecho» (en el Levante). Una humillante burla consistente en bajar los pantalones al chaval y estregarle yerbas por la entrepierna. Una radiografía psicológica de la angustia que sufre el joven judío enrolado en el ejército nazi durante la colosal *Europa Europa*. Así también se descubría al moro o al marrano. Y son muchos los andaluces circuncidados sin saber por qué. Por mera curiosidad, allí donde se juega al salmorejo, la comida del mismo nombre es llamada *mazamorra*, una deformación sonora de «masa mora». Otro castigo infantil por asimilación consistía en colocar a los niños de cara a la pared, como en el *sabadeo* de los judíos frente al muro de las lamentaciones. O, en sentido contrario, de rodillas y con los brazos en cruz.

Los «ratajadores» eran los encargados de circuncidar al niño y pronto se convirtieron en una clase nómada dentro del ya nomadismo del morisco. Era frecuente celebrar una fiesta familiar para celebrar este hecho, en la que se solía ofrecer vino o aguardiente al niño y donde terminaban todos embriagándose para ahuyentar suspicacias. De ahí proviene la «*tajá*», expresión popular sinónimo de borrachera. Sus descendientes en el oficio acabaron siendo los «afilaores» que aún transitan por los pueblos llamando a la gente con esa música peculiar y reconocible que silban en una especie de ocarina. Siempre me llamó la atención la enorme similitud entre esta secuencia sonora y la del *Shofar* con la que los judíos daban comienzo al nuevo año (*Rosh Hasaná*): Una primera nota simple e ininterrumpida (*Tekiá*); tres notas quebradas (*Sheverin*); y una cadena de trinos oscilantes entre lo agudo y lo grave y a la inversa (*Tervá*). O lo que interpretan los rocieros en sus flautas.

En muchas poblaciones moriscas se mantienen importantes gremios de oficios ambulantes. Vendedores por lo común. Desde quincalla a comestibles. Un caso peculiar es el de Martín de la Jara. Un pueblo de Sevilla ubicado en la comarca pluriprovincial que abraza a Ronda. Inconscientemente, ellos omiten la mitad castellana del toponímico y se autodenominan jareños. Por algo será.

Tras repetir varias veces la melodía, el *afilaor* reclama a voces clientela. En Andalucía y Levante la gente habla a gritos, montando algarabías, sin saber que sus ascendientes lo hacían para dejar patente que no empleaban palabras de la religión prohibida. Por justo lo contrario, cuando se habla en voz baja, nos acusan: «qué estará rezando». O te reprochan no estar muy católico, como símil de caminar en el orden moral incorrecto.

Quizá el oficio artesano que mejor clarifica la condición morisca sea el de platero. Y en Córdoba, a ser posible. Moriscos y marranos tuvieron que comprar el permiso correspondiente a la Inquisición para detentar oro y joyas. Eso explica que los gitanos errantes, una vez expropiados de todos sus bienes, acostumbren a lucirlas siempre consigo. Los plateros cordobeses no tuvieron más opción que la clandestinidad. La nobleza los necesitaba. Incluso la propia Iglesia. Pero no podían trabajar a la luz pública porque era tanto como delatar su verdadera condición morisca. Han pasado cuatro siglos de la expulsión (en Córdoba casi el doble), y aún trabajan los plateros en los traseros de las casas. Clandestinamente. Y siguen siendo el motor de la economía sumergida de la ciudad. Como antes. Como ahora.

La resiliencia que demostraron aquellos moriscos permitió creaciones de tal excelencia como la transformación de la llamada íntima al *salat* en saeta: la epifanía doliente y pública del converso. O que la interjección más española sea una adaptación fonética de Dios en árabe (Ole, *Allah)*. O que la expresión artística más identificadora de lo español sea lo flamenco. O que el propio himno de España provenga de una introducción instrumental a las nubas andalusíes, conservado incorrupto por las orquestas del norte de África.

La aceptación y la creatividad son las mejores armas del resiliente. Del reprimido. Del abandonado. El pueblo converso compuso con ambas su forma de ser para superar el trauma de no ser quienes eran. Y la inyectó en el alma de todos los españoles. Para ser lo que somos.

LAS CICATRICES

Los días de emigración se sucedieron con tristeza
Como si de años se tratara.
Después pasaron aquellos años y sus gentes
Como si de sueños se tratara.

Abu Tamman *(Antítesis)*

EL TEOREMA DE LAS CICATRICES

Tendrá que haber un camino que me lleve adonde pueda estar
Si no aparece el camino no sé lo que me va a pasar
Otros prefieren quedarse aunque no puedan vivir
Y yo prefiero la muerte antes que seguir así

Morente y J *(Caña)*

Donde queda cicatriz, hubo herida. Y la de España le atraviesa el alma a la altura de los ventrículos. Coincido con Anna Freud en que una vez conocido el diagnóstico de la herida, resulta psicológicamente más útil comprender los métodos que el Yo (o el Nosotros) empleó para cicatrizarla. No interesa tanto la causa del mal como la causa de su curación. Porque cada mecanismo de defensa contiene y expresa la identidad del inconsciente en sus distintas manifestaciones. Saber cómo superó el trauma es la mejor manera de saber cómo es la personalidad de quién lo superó. Anna Freud escribió «*El Yo y los mecanismos de defensa*» después de haber sufrido en sus carnes el acoso de su padre por no haber nacido varón, y el acoso nazi por haber nacido judía. Sabía de lo que hablaba.

Once son las armas con las que combate el Yo contra el Ello: Represión, Racionalización, Negación de la realidad, Fantasía, Proyección, Regresión, Sublimación, Compensación, Supercompensación, Reacción y Desplazamiento. Sin caer el excesivo tecnicismo, les prometo que judíos y moriscos las emplearon todas para defenderse frente a su eliminación física y cultural.

Y la pervivencia de estas expresiones reconvertidas en cultura, demuestra la realidad y la magnitud del trauma.

Para los psicólogos culturalistas, desde Erich Fromm al propio G. W. Allport, las frustraciones socioculturales producen resentimientos que determinan durante generaciones la personalidad de los individuos. Y no me cabe duda que el síndrome del perseguido explica con rotundidad la bipolaridad psicológica del español, y especialmente del andaluz: mitad esquizoide, mitad histriónica. Ambas características, unidas al olvido de la causa de la herida (represión), condensan el resto de los mecanismos de defensa del Nosotros que emplearon aquellos moriscos que decidieron quedarse.

El esquizoide padece de una cojera afectiva que le hace tender irremisiblemente a una soledad antártica. Como la del cantaor. Por el contrario, el histriónico ocupa el centro de las miradas mediante una extroversión hiperbólica. Como el bailaor. El primero se vacía hacia dentro: «*La soledad me ha maltratado sin piedad, no me abandona siempre está*», Miguel Poveda (Lamento por alegrías). El segundo hacia fuera: «*Mi boca profiere lo que no llevo a cabo: dilatando en ocasiones la belleza de las cosas o exagerándolas otras*», Ibn Suhayd (Desde la cárcel). Los mismos síntomas afectan a las identidades colectivas en relación a un territorio concreto. Sobrios y herméticos en Córdoba, Jaén y Granada. Abiertos en Huelva, Málaga y Almería. Extraordinariamente extrovertidos en Cádiz y Sevilla. Y según qué zonas, por supuesto. Una de las claves para entender mejor la extraordinaria multiplicidad psicológica de los pueblos andaluces. Su acentuado localismo. Y su espíritu libertario.

Siempre serán minoría los que encajen sin fisuras en cualquiera de estos moldes psicológicos. Lo normal es que tomen un poco de ambos, sin que sepamos con certeza en qué proporción. Los moriscos que padecieron los rigores inmediatos del trauma de la permanencia, defendieron su Nosotros con actitudes sintomáticas de sendas personalidades. Y olvidaron. Sin embargo, sus descendientes heredaron aquellas conductas y la misma bipolaridad, ignorantemente, sin padecer las secuelas del trauma. Sólo quedaron sus innumerables cicatrices en el alma. Heridas que con el tiempo dejaron de serlo, aunque sus marcas recuerden el insoportable dolor que causaron.

Toda cicatriz encierra en sí misma un *cocktail* esencial de memoria y olvido. Y la estrategia de víctimas y culpables consistió en taparlas para hacer creer que las heridas jamás existieron y olvidar por partida doble.

Razonaba Platón en *Las nubes* que no hay peor patología que condensar la alegría exagerada y el dolor desbordante en una misma persona: nada impedirá que termine desequilibrada. Esta asimetría entre cuerpo y alma sólo conduce a una incapacidad esquizoide o histriónica para comprender y aceptar la realidad. Aparentemente los síntomas encajan con los topicazos sobre la personalidad de españoles y andaluces. Pero no fue exactamente eso lo que le ocurrió al morisco, sino justo lo contrario. Los moriscos peninsulares sobrevivieron gracias a su equilibrio emocional interno. Porque adoptaron estas conductas esquizoides o histriónicas premeditadamente. Para sobrevivir. Y así lograron aceptar su destino trágico y mantenerse imperturbables.

Ahora entiendo por qué en algunos pueblos andaluces se zumba a los santos, arrojándoles calderilla con la virulencia de un rencor entumecido durante siglos. Y por qué los mismos que se las tiran, borrachos de locura, inmediatamente después se desencajan los huesos y los ojos con tal de rozar su vestido con el manto de una Virgen. Una dialéctica extrema de amor y odio. De epilepsia laica y devoción religiosa. Sin espacios intermedios. Estrella Morente lo explica mejor que yo en esta soleá popular adaptada por su padre: «*Porque te llamas Aurora que me acuesto al rayar del día. Si te llamarás Custodia a la Iglesia no saldría*».

Por eso en Andalucía conviven la fatalidad y la pasión, la memoria y el olvido, a partes iguales. El converso olvidó. Y gracias a esta amnesia inducida por propios y ajenos, consiguió superar el trauma aumentando su nivel de resiliencia hasta límites insoportables para cualquier otro pueblo. El andaluz parece que sufre y calla. Pero en el fondo, no siente que sufre. Y por eso calla. Durante el aprendizaje de este proceso de indolencia, el morisco alojó en el desván de su memoria los vestigios sensoriales de la tragedia. Los ayes flamencos que emergen de lo *jondo*. De la sangre. Se llama represión psicoanalítica al proceso por el cual un impulso o una idea inaceptable se relegan al inconsciente. Allí se instaló reprimida esa utopía de la insurrección que de vez en cuando despierta como el Vesubio en los andaluces. La que incendió todas las revoluciones españolas de los últimos siglos, más la suya propia. En su lugar afloró el velo y el disfraz. El miedo y la hipocresía. La sombra y el teatro. La memoria de lo oculto y la ocultación de la memoria.

1. La memoria de lo oculto

Mi abuelo Antonio y mi abuelo Manuel no se parecían en nada. Pero los dos se lavaban igual antes de comer. Se arremangaban hasta los codos. Se mojaban la cara. Se frotaban los ojos. La boca. Las orejas. Tomaban y expulsaban el agua por la nariz. Y terminaban frotándose el pelo.

Hace un tiempo estuve en la Gran Mezquita de Agadez en Níger. Yo no soy musulmán. Así que para entrar en ella tuve que imitar a un niño que hacía la ablución a mi lado. El niño se arremangó hasta los codos. Se mojó la cara. Se frotó los ojos. La boca. Las orejas. Tomó y expulsó el agua por la nariz. Y terminó frotándose el pelo. Aquel niño negro y africano se lavó exactamente igual que mis abuelos antes de comer. O mejor dicho: mis abuelos andaluces se lavaban como musulmanes antes de rezar. Como lo hicieron los padres de sus padres. Sin saber por qué. Mi padre todavía se lava así. Yo no.

2. La ocultación de la memoria

Mi abuela Rosario era jornalera. Y mi abuela Angelita, modista. La una casi atea. La otra, católica. Diferentes como la noche y el día. Pero las dos hacían sábado. Brillara el sol o lloviera a mares, mis abuelas abrían las ventanas, los balcones, las puertas. Las dos ponían la casa patas arriba. Y las dos desnudaban las tripas de su hogar a los ojos de la gente. Cualquiera que pasara por la calle sabía el color de las sábanas, del suelo, de las sillas, del techo. Siempre me pregunté por qué limpiaban así incluso cuando la humedad del ambiente lo desaconsejaba. ¿Por qué precisamente un sábado, un día normal para la mujer enclaustrada de entonces? ¿Y por qué de rodillas si el resto de la semana fregaban de pie?

Los judíos no pueden realizar actividad alguna durante el *sabbat*. Desde el ocaso del viernes al ocaso del sábado. No trabajan fuera ni dentro de casa. No pueden cocinar. Ni encender fuego siquiera. Hasta hace bien poco, parecer judío o morisco en Andalucía implicaba expropiación, destierro, cárcel o muerte. Muchos salvaron sus negocios acusando a la competencia de herejía. Moro o marrano aún son insultos socialmente aceptados.

Las mujeres que limpiaban su casa como esclavas, todos los sábados, con las puertas y las ventanas abiertas de par en par, se estaban autoexculpando públicamente de parecer judías. Al principio lo hicieron para sobrevivir. Luego sus hijas y las hijas de sus hijas continuaron haciendo sábado sin saber por qué. Mi madre todavía lo hace. Mis hermanas no. Ni yo tampoco.

Revelaciones como éstas demuestran dos cosas: que la huella morisco-andalusí sigue viva; y que yo la estoy enterrando. Para entender mucho mejor esta combinación de heridas y mecanismos de curación, expondré algunos traumas similares a los padecidos por la nación morisca que sólo huyó hacia dentro: homosexuales, mujeres prostitutas y víctimas de la violencia machista, perdedores durante la posguerra... Y después hablaré de las cicatrices que aún nos quedan visibles en el alma.

EL ARCÁNGEL ALJAMIADO

El armario no había sido construido para la finalidad que ahora tenía.
Alberto Méndez *(Los girasoles ciegos, 4ª derrota)*

Es lógico que los primeros moriscos no pudieran aprender súbitamente el idioma impuesto por los conquistadores. Y muchos tampoco sabían vestirse, comer ni rezar de otra manera. Así que decidieron esconderse. Y disimular. La denominada *Taqya,* concepto coránico que permite al musulmán realizar prácticas ilícitas o *haram* en casos de necesidad, siempre que las hagan de corazón para conservar la fe y la vida (*darura*). Desconozco el nombre en hebreo, pero me consta que idéntico mecanismo de defensa moral se permitía al sefardí. Vean si no lo que dice esta petenera que aún se canta en Andalucía: *Mi pare es un buen judío/ que aunque le quemen la ropa/ no reniega de lo qu'a sío.*

Taqa es la plena, absoluta y directa conciencia de Dios. Sin intermediarios. La que habita en la desnudez de lo más profundo y oculto del ser humano. Y se alcanza, en palabras de mi hermano Hashim, con la liberación de los velos del mundo y de las palabras. Curiosamente, la *taqa* (*guenizá* para los judíos) era también una alacena pequeña donde se guardaban los objetos más íntimos y personales del andalusí. Los secretos. La *Torah,* la *Kipah,* o la *Menorah,* para un marrano. El *Corán* o el *Tasbih* (mejor *misbah* o especie de rosario para rezar), para un morisco. Descubrir el contenido escondido de la taquilla equivalía a la revelación pública de su alma clandestina. A la persecución. A la muerte. De ahí proviene la expresión moderna «salir del armario».

No es casualidad. No hay nada más parecido al síndrome del morisco perseguido que el síndrome que hace involuto o arrolladoramente varonil al gay en una sociedad machista y homófoba. En 1931, Gil Benumeya entrevistó a Lorca. Hablaron de hermano a hermano. Y el poeta universal le confesó al descendiente del célebre líder morisco: «*Yo creo que el ser de Granada me inclina a la comprensión simpática de los perseguidos. Del gitano, del negro, del judío…, del morisco, que todos llevamos dentro*». Le faltó citarse a sí mismo y a los de su clase. Homosexuales y creadores.

Comprendo a Lorca como si me habitara dentro. Y gracias a él he llegado a calibrar la tensión íntima que siente el reprimido, cualquiera que sea la causa, entre el disimulo cobarde para sobrevivir y las ganas de mandar la contención moral a la mierda. *El maleficio de la mariposa.* Adoptar la actitud del gusano arrollado en sí mismo o volar sin ataduras convertido en insecto alado. Encerrarte larvado en la crisálida (larva significa *fantasma* en latín), o elegir la libertad frágil a costa de la persecución cosida a la belleza y a la valentía. El mismo drama que vivió el republicano durante la dictadura. O el morisco tras la expulsión. O la mujer en casa de su agresor. O el «maricón» siempre.

Y Lorca contenía en sí mismo esta triple discriminación en cascada: por gay, rojo y converso. Sí, converso. Andalusí. Morisco. Flamenco. Lorca vivió y creó consciente de su memoria verde y andaluza, tan íntimamente ligada a la angustia homosexual en su dolor más escondido y profundo. Algún día saldrá a la luz la conexión criptomusulmana entre muchos intelectuales andaluces y españoles de comienzos del siglo XX. Desde Santiago Rusiñol a José Andrés Vázquez, pasando por el propio Lorca, Juan Ramón Jiménez, Rafael de León, Abel Gudrá, Rafael Castejón… o el mismísimo Blas Infante.

El hombre declara vestirse por los pies en señal de masculinidad y catolicismo. Por la cabeza se visten las mujeres y los musulmanes. Y Lorca no era ni lo uno ni lo otro. Ian Gibson lo definió magistralmente como «un revolucionario cristiano y gay que no creía en el Dios bíblico. Un revolucionario con la misión de abogar, desde sus obras, por el amor total, el amor en todos sus matices, libre de puritanismos, de prohibiciones, de castigos, de infiernos». Igual que Motamid, el último rey de Sevilla enterrado en Agmat. Igual que Ibn Arabí enterrado en Damasco. O Ibn Masarra en Dios sabe dónde. O Averroes. O Ibn Hazam. O Maimónides. O Wallada... Igual que los grandes amantes condenados por la intolerancia en todos los tiempos y lugares. Porque el amor no es una marcha triunfal sino un frío y solitario Aleluya (*Hallelujah nº 2, Leonard Cohen, versión de Morente y Lagartija Nick*).

Lorca conocía las claves psicoanalíticas de la represión contenidas en su propia alma y en la del pueblo al que emocionalmente pertenecía. Qué importa que fuera mujer, morisco, judío, negro, gitano o gay. Todos son de la misma patria. A todos les duele la misma espina en el costado. La herida del perseguido. Y unos la superaron bajo las mantas, otros bajo la hipocresía de aparentar justamente lo contrario, y una minoría de los dos, con la creación sincrética como medicina.

Por eso Lorca utiliza alegóricamente en el *Romancero Gitano* a los arcángeles cristianos, compartidos además por judíos y musulmanes: San Gabriel (Sevilla), San Miguel (Granada) y San Rafael (Córdoba). Cada uno con claves reservadas. Malditas, casi. Uno podría ser el patrón escondido de los homosexuales. El otro, de los gitanos. Y, por encima de ellos, San Rafael. El sanador. El arcángel aljamiado. El *Israfil* que anunciará el juicio final para unos y otros. *Los que quieren flores de vino y los que saltos de media luna. Un solo pez en el agua que a los dos Córdobas junta.* La que reza cuando calla. Y la que reza cuando escucha.

Una vez soñé que durante el cerco bereber de Zawi a la ciudad de Córdoba, los andalusíes se comían las ratas y a sí mismos. Así durante semanas. Hasta que los muertos de hambre llegaron a contemplar al arcángel aljamiado presagiar el final de Al Ándalus. Justo entonces entraron las milicias de Zawi. Las mismas que ya habían devastado Media Azahara. Pero los cordobeses, en lugar de humillarse ante el invasor, celebraron la conquista como una liberación de sus estómagos y marcharon a las afueras de la muralla a por comida. Con el advenimiento del catolicismo, la Iglesia declaró a San Acisclo Patrón y mártir de Córdoba. Sin embargo, el pueblo prefirió honrar como santo oficioso a *Israfil, San Rafael,* el liberador. Y cada año conmemoran su presagio saliendo al campo para jalar un arroz humilde alrededor del perol, simulando la pascua del cordero, como si acabase de terminar un sitio de siglos.

OJOS VERDES

De lo que pasa en el mundo por Dios que no entiendo ná
El cardo siempre gritando y la flor siempre callá
Que grite la flor y que se calle el cardo.

Lole y Manuel *(Todo es de color)*

Tuve que envejecer por dentro para preguntarme por qué la mujer se agachaba a espulgar aceitunas mientras el varón vareaba de pie los olivos. La estampa infame de la dominación machista. Ellas postradas sumisas hasta para fregar el suelo. Ellos erguidos insolentemente hasta para emborrarse en la barra del bar.

Las recuerdo ir al tajo cubiertas de la cabeza a los calcañares. Como moriscas. Con el sombrero de paja de ala abierta al modo rifeño. Con el delantal y la falda por encima de los pantalones. Y con el pañuelo envuelto y anudado al cuello. No hay nada más parecido a un *hyyab* que el sudadero de las jornaleras. El mismo que llevaban para guardar el luto evidenciando públicamente su estado de viudez. El mismo que conservan en formol las *cobijadas* en Véjer de la Frontera. El mismo que, afortunadamente, ha desaparecido de las calles por voluntad propia.

Sé que es injusto, acaso despreciable, pero no puedo evitar evocarlas felices en mi memoria. Siempre felices. A pesar de las horas y horas y horas y horas de trabajo inhumano. Indefensas bajo el sol. A pesar de caminar decenas de kilómetros para regresar a casa, preparar la comida al marido y cuidar de sus hijos. Solas. Siempre solas. O acompañadas por sus hijas.

También solas. Siempre solas. Una mañana de primavera le dije a mi tía Rosa que el campo estaba precioso. Y ella me contestó con esa brusquedad dulce que no daña: «para mí no, nunca, yo sólo veo el lugar donde trabajo».

No sé si quiero o debo comparar el trauma morisco con el derivado de la resistencia íntima de la mujer en una sociedad machista. Se parecen las causas y secuelas de la opresión. La invisibilidad atávica. La anulación del Yo. La resignación humillante en los causas de violencia misógina... Pero hay una diferencia compleja de entender y explicar entre el trauma morisco y la discriminación de la mujer. En contra de lo que podría pensarse a razón del rol femenino en la generalidad de los países islámicos, la mujer andalusí disfrutaba de cierta autonomía en su estatus social, jurídico y económico. No caeré en el error de elevar a mito las singularidades en la poesía, en la danza o en el magisterio. No. La mujer andalusí estaba discriminada a los ojos actuales. Sin duda. Ganó la tradición machista sobre los postulados ideales del Corán. Pero cotejando su posición con la del resto de mujeres en las Españas del norte (reinas excluidas), sí que la mujer andalusí gozaba de cierta visibilidad dentro de la clase popular (*amma*). Tenía sus oficios al margen de la dedicación exclusiva al hogar: peluquera (*hayyama*), artesana de la seda (*sarraqa*), peinadora (*masita*)...

Especialmente llamativos fueron los oficios que perviven vinculados de alguna manera a la Semana Santa. Por ejemplo, los de plañidera (*naiha*) y cantora (*muganniya*) que permitieron a la mujer morisca y judía ganar un dinero llorando en tropel tras el palio de las imágenes. Todavía hoy se mantienen en ciertos pueblos moriscos como Frigiliana, las procesiones femeninas de la Soledad, en rigurosa fila con mantilla. Cantando más que rezando.

También fueron muy populares las videntes (*hakina*), hoy convertidas en verdaderas y clandestinas curanderas o santonas locales. Unas quitan verrugas y culebrillas. A otras se les aparece la Virgen. Y las hay que las dos cosas. Plagios de aquellas *hakinas* son las mujeres sufíes que pierden la razón frente a la tumba de Muley Abdel Salam. El oficio de bordadora, ejercido mayoritariamente por judías, se conserva entre quienes todavía tejen filigranas doradas en los mantos de las vírgenes.

Sin lugar a dudas, el oficio con mayor relevancia y respeto social fue el de educadora. Maestras de maestros como Ibn Arabí. Gracias a este catálogo de oficios, y algunos otros de peor reputación, las mujeres andalusíes consiguieron dinero. El suficiente para vivir libres de la dependencia del marido gracias a un particular régimen económico matrimonial similar a la separación de bienes.

En Córdoba las descendientes de moriscas continuaron manteniendo esta costumbre tras la derogación y aniquilación del derecho andalusí. Un derecho tan histórico o más como los fueros medievales que han justificado las diferencias actuales en materia civil entre los territorios peninsulares. Los conquistadores llamaron despectivamente «costumbres holgazanas» a este régimen económico matrimonial, porque no entendían que la mujer morisca pudiera disfrutar de un patrimonio separado a diferencia de la buena católica, y encima tomar el fresco, en la calle, sin afanarse en el cuidado del marido y de la casa como una bestia. De hecho, la necesidad de encubrirse para evitar suspicacias obligó a la mujer morisca a trabajar públicamente a todas horas. En la limpieza del hogar, sobre todo. E hicieron de esta virtud una seña distintiva para salvar la vida al no poder ser acusadas de «marranas».

La mujer morisca y flamenca custodió el universo sensorial bético-andalusí. En los olores. En los colores. En la higiene. Son ellas las que encalan las casas y los troncos de los árboles. Las que pintan las rejas y los zócalos. Las que inundan de colores y flores las paredes de los patios. Rosas, claveles, nardos, gitanillas y geranios (del Dios tartesio Gerión). Las que han conservado en su carne la delicada cultura del perfume natural: *Que ya no me hueles a canela y clavo, que te fuiste con otra que huele a castellano.* Y las que se siguen maquillando con rojo, negro y rotundidad para acentuar sus rasgos, desde los labios a las uñas de las manos y pies. Igual que las bereberes que se tatúan con *henna* para proclamar a los ojos de la gente la kábila a la que pertenecen. Especialmente, en las zonas y ciudades de repoblación morisca.

La independencia económica que les brindó ejercer un oficio distinto del servicio exclusivo al marido, les hizo estar mal vistas por el tradicionalismo católico. Y aún así, no dudaron en evidenciar la individualidad personalísima de la mujer morisca y flamenca. En el cante. En el baile. En la calle. En la casa. Reductos de esta soberanía femenina han quedado clavados para siempre en la copla. En la canción popular andaluza. Y ninguna más elocuente, morisca y lorquiana que ojos verdes. Una obra maestra. Premeditada y divina. La evocación al poeta y a la dignificación de la mujer maldita es permanente. La canción se ubica en Granada (*vimos desde el cuarto despertar el día, y sonar el alba en la Torre la Vela*). La protagonista es una prostituta (*apoyá en el quicio de la mancebía... Pasaban los hombres y yo sonreía*). Mi admirado Rafael de León pone en boca del cliente la palabra «serrana», acertadísima en su doble condición de morisca y marginal, al provenir del vocativo «*sharran*» que significa en árabe maldad y dureza de espíritu. En el Sacromonte cantan las gitanas: «esta mañana le pedí al señor del Baratillo que me quieras serrana». Y con ese nombre las pintaron los románticos del XIX y primeros del XX.

Ella es puta. Y digo puta con el descaro que desgraciadamente no pudo tener su autor por la censura fascista. Y digo puta para acabar con el estigma que se le arroga a la mujer que arrienda sus servicios sexuales por dinero. En el fondo, el mismo negocio que engorda las arcas de los periódicos que editorializan en contra. Y digo putas para no llamarlas prostituidas como si fueran menores de edad. No son participios. Son sujetos. Y de la misma manera que Lorca empleó sin tapujos la palabra marica para enaltecer a los suyos, ellas y sólo ellas deben emplear el término puta para reivindicar su dignidad como personas. Sin prejuicios morales. Con la cabeza alta.

En el brillante ensayo de Dolores Juliano «Prostitución: el espejo humano», se detallan y analizan muchos comportamientos de ocultación social de las prostitutas, similares a los empleados por los moriscos para salvar la vida. Quizá el más sangrante sea el de vestirse de otras cuando se desnudan, para desnudarse después cuando se visten en casa. Quienes la tengan. Porque habrá que recordar y denunciar que a las putas se les niega incluso las casas de acogida públicas. Llegando al extremo de verse salvadas por monjas oblatas y adoratrices. Igual que moriscos apestados. Sin embargo, el parecido más evidente por invisible con la represión morisca sigue siendo su condenada situación de alegalidad en pleno siglo XXI. Injustificable por el envolvente manto de negación que va desde el puritanismo nacional-católico al feminismo abolicionista.

Ellas son las primeras que conocen y aceptan el estigma social que se les asigna. Y por eso se ayudan solidariamente entre ellas igual que hicieron las comunidades moriscas que decidieron quedarse. Y por la misma razón saludan a los hombres solitarios y no repiten el gesto cuando van acompañados. Rafael de León, en esta pieza magistral de la literatura española de todos los tiempos, dignifica a la puta como mujer libre. En realidad, toda la copla como género está salpicada de la revolucionaria autonomía de la mujer morisca y andaluza. En todos los aspectos. En ojos verdes, ella responde al hombre llamándolo *gaché*, es decir, empleando la acepción gitana con la que se alude al payo andaluz. No al castellano. Y cuando él le dice *Serrana para un vestido yo te quiero regalar*, ella le vuelve a contestar: *Yo te dije está cumplío, no me tienes que dar ná*. Sobran las explicaciones.

Ojos verdes es una evocación permanente al universo sensorial que rodea a la mujer soberana, envuelta en el doble color de la Andalucía libre: el verde. Hasta la saciedad: *Ojos verdes, verdes como, la albahaca. Verdes como el trigo verde y el verde, verde limón. Ojos verdes, verdes con brillo de faca que se han clavaito en mi corazón...*

Todas ellas son excepciones. La regla fue la adaptación de la mujer morisca al sometimiento machista. Íntimo y público. Nacional-católico. Islámico integrista. Exageradamente. Y así nos va.

EL GEN ROJO

Tiñes mis días de fatal melancolía
eres el hacha que astilló toda mi vida
premeditada y divina.
Cruel y despiadado me has humillado y sin embargo aquí estoy.

Aterciopelados *(Maligno)*

Yo, Antonio Manuel Rodríguez Ramos, con D.N.I. nº xxxxxxxx-J, ruego que si en una noche oscura del alma me fusilan por razones políticas o ideológicas como al abuelo de mi padre, o me arrojan a una fosa común como al hermano de mi abuela, o me encierran en una cárcel como al padre de mi madre, o me obligan a contraer matrimonio con quien no quiero como a la hermana de mi abuela, o a casarme contra mi voluntad como a la madre de mi madre, o me fuerzan a cambiar los nombres de mis hijos como a los hermanos de mi madre, o me quitan la casa como a la abuela de mi mujer, o mienten sobre mi paradero o sobre mi propia existencia como hicieron con la hermana de mi abuela, o me exilian o me gasean en un campo de concentración o me mutilan las piernas o me atan los testículos a un caballo como a los amigos de mi abuelo, o cometen cualquier otra aberración inhumana e injusta contra mi persona, por favor, permitan a los míos inscribir mi nombre en el Libro de defunciones del Registro, y déjenles encontrar mi cadáver, exhumarlo, incinerarlo y arrojar mis cenizas al cielo que nos cubre, la patria civil y común de todos los que vivimos y vivieron en esta tierra.

Todo eso y más y peor sufrieron muchos españoles durante la última posguerra civil. Por el mero hecho de ser rojos. Las excusas de la represión y las secuelas del trauma que padecieron son un espejo de las cosidas al síndrome morisco. Para ser sincero, creo que ésta fue la razón de fondo incubada durante siglos que explica el odio irracional desatado durante la contienda.

Vallejo Nájera, en su obra *Eugenesia de la hispanidad y regeneración de la raza* (1937), justificó intelectualmente la feroz represión contra los republicanos en la necesidad de una política racial que purificase el «fenotipo hispano». Curiosamente, los mismos argumentos empleados por Juan de Mariana para racionalizar el magnicidio *necesario* contra los moriscos. O por el mismísimo Goebbels y los teóricos nazis para salvar la raza aria, copiando literalmente los métodos y estrategias purgativas inquisitoriales.

Vallejo Nájera comparó la degeneración que padecía la raza española con la sufrida durante la falsa conversión de judíos y moriscos. Copiando lo peor de Nietzsche o Kretschmer, el psiquiatra llegó a confirmar la existencia de una especie de *gen rojo*. Y el bando fascista lo creyó a pies juntillas. Desde el generalísimo hasta el último moro de su guardia. Hay toneladas de testimonios sanguinarios como éste del General Mola: «debemos sembrar el terror (...) y dejar sensación de dominio eliminando sin escrúpulos ni vacilación a todos los que no piensen como nosotros». El republicano se convirtió genéticamente en culpable. En perseguido. Igual que el morisco.

No hay guerra sin bestialización. Pero el rango de animalidad que se alcanzó durante la última guerra civil, sólo se explica por la putrefacción del odio recíproco que llevaba siglos fermentando. Se repiten los protagonistas. La misma Inquisición. Y el mismo racismo. En sus causas y consecuencias.

Me quedo con las últimas. Especialmente, con la cosificación del enemigo. Para el vencedor. Y para el vencido. Ruiz-Vargas, en su *Trauma y memoria de la Guerra Civil y de la dictadura franquista*, habla incluso de «muerte mental» entre los derrotados. Un peldaño por encima de la «muerte civil» de la que habló Cervantes. Una variante compleja del estrés post-traumático, cuya característica básica es la destrucción de la identidad. El muerto mental siente culpa y vergüenza, desconfianza y alejamiento de los demás, pérdida de autonomía, pérdida de las creencias y valores fundamentales, y la sensación de estar permanentemente malherido. Bajo tales condiciones, las personas se sienten como «muertos vivientes» y, en contextos políticos, dicha destrucción se utiliza para escarmiento de los otros; se trata, en última instancia, del ejercicio de un control sistemático sobre los individuos, los grupos y la comunidad. Lo sorprendente de estas ideas es que se refieren a los efectos de los métodos de «la tortura moderna» y, sin embargo, podrían ser atribuidas al clima de terror socializado durante la dictadura franquista. Y yo añado: o durante la represión inquisitorial contra moriscos y judíos.

Fue tal el grado de violencia desatada durante la posguerra, que ya no hubo forma de pararla. Silencio. Miedo. Curiosa palabra. Miedo. Carece de verbo. Sólo se puede causar o tener miedo. Hasta calar en los huesos. O en el ADN: «*Yo no le conté a mi padre nada... allí no podíamos nosotros abrir la boca... ni allí ni en ningún sitio. ¡Si las personas estábamos, como quien dice, «muertos»! ¡Si no podíamos abrir la boca! En cuanto veían hablando a dos, ya pasaban a ver lo que... Y escuchando de noche en las puertas, de puerta en puerta, a ver qué era lo que oían. Ustedes no saben lo que teníamos, hombre. Ustedes no saben la Inquisición que teníamos, hombre... ¡Si estaba todo el mundo muerto!*»

El mismo silencio. El mismo miedo. La misma muerte mental. Heredada de generación en generación. Hasta que se rompe la cadena. Igual que los nietos salvaron la memoria de sus abuelos republicanos con el advenimiento de la democracia, la abolición inquisitorial alumbró los mecanismos de resistencia morisca. Con una importante diferencia. Aunque murieron y mueren a diario muchos de sus testigos, a la posguerra civil le bastaron dos generaciones para recordar sus miserias. Porque están ahí. Presentes. Innegables. Vivas. Al genocidio morisco y marrano le arrancaron la memoria desde la primera generación. Y la tiraron a un pozo ciego insondable. Cubierta de mentiras y prejuicios. Sólo un arqueólogo del alma podría desenterrarla.

Desde el psicoanálisis freudiano existe un acuerdo unánime en la persistencia del recuerdo inconsciente del trauma durante toda la vida. Para superarlo, la víctima necesita no sentirse sola.

Abrazos y oídos. Y resulta extremadamente interesante como el morisco, quizá a diferencia del republicano, disfrutó de ambos medicamentos. Por un lado, la persecución acentuó sus lazos naturales de solidaridad dentro de sus Kábilas o familias extensas. Por eso se tacha de loco a quien se le dice no estar en sus «cabales». Y por otro, la exteriorización del trauma se hizo desde lo jondo. Con el arte paciente de lo flamenco. Demostrando así el enorme nivel de resiliencia creadora de todo un pueblo.

Las primeras víctimas del silencio de la persecución racista inquisitorial fueron los niños moriscos que se quedaron. Igual que en la posguerra. Y con los mismos métodos. Salvo los exiliados en México o Rusia, decenas de miles de niños acogidos en los penales fueron reeducados, y en una buena cantidad entregados a los seguidores del Alzamiento (*Vidas robadas*, Benjamín Prado, *El País semanal nº 1701*). Los testimonios de los que aún viven te desgarran los ventrículos como si los acariciaran con lija. En el Bando de expulsión de los moriscos, se ordena «*que los muchachos y muchachas menores de quatro años de edad que quisieran quedarse, y sus padres o curadores (siendo huérfanos) lo tuvieren por bien, no serán expelidos*». La mayoría de estos hijos de la expulsión fueron carne de venta, seminario o esclavitud. También se consigna en el Bando la desagrupación familiar como símbolo maniqueo y perverso de caridad cristiana: «*los muchachos y muchachas menores de seys años que fueren hijos de Christiano viejo se han de quedar, y su madre con ellos, aunque sea Morisca. Pero si el padre fuere Morisco, y ella Cristiana vieja, él será expelido, y los hijos de seys años quedarán con la madre*». Esto explica que en la designación familiar flamenca, de genuina tradición morisca, se utilice el nombre de la madre para designar al hijo: Pepe de La Matrona, Paco de Lucía, José de La Tomasa y tantos y tantos otros.

Quizá el paralelismo más evidente entre lo mucho y malo padecido por hijos de moriscos y de republicanos, se halle en la ocultación premeditada de sus auténticos nombres. Siendo Juez de Paz tuve que tramitar decenas de expedientes registrales a hombres y mujeres que descubrieron al tiempo de su jubilación que su nombre era otro. José se llamaba Germinal.

Miguel se llamaba Liberto. Y Concha, Libertad. Pero sus padres lo ocultaron pública y privadamente para salvarlos y salvarse a sí mismos. Como moriscos.

EL NOMBRE CONSEGUIDO DE LOS NOMBRES

Todos los nombres que yo puse
al universo que por ti me recreaba yo,
se me están convirtiendo en uno y en un
dios.
El dios que es siempre al fin,
el dios creado y recreado y recreado
por gracia y sin esfuerzo.
El Dios. El nombre conseguido de los nombres.

Juan Ramón Jiménez *(Dios deseado y deseante)*

Mientras dura la represión o el holocausto, el desprecio al otro se convierte en una conducta socialmente tolerada. En una neurosis. En un instinto animal. Al principio, nadie alza la voz contra la injusticia por temor a la represalia. Luego, todos callan porque nadie habla. Conscientemente. Demostrando así la desoladora máxima de Edmund Burke sobre la miseria humana: «para que triunfe el mal, basta con que los hombres de bien no hagan nada».

Este proceso devastador de las conciencias termina cuando el individuo, acostumbrado al mutismo de la muchedumbre, asume que la diferencia es un mal que debe ser aniquilado. Incluso para sí mismo. Cuando los sentimientos de culpabilidad y cobardía se reducen a un mero acto reflejo. Cuando se normaliza la ética invertida y se transforma en rutinario lo moralmente inaceptable. Hasta que a la víctima no le queda más opción que acatar el silencio y la invisibilidad como mecanismos de supervivencia.

Quizá la cicatriz por excelencia sea el nombre. Tu nombre. La marca por la que serás reconocido durante toda la vida. De ahí que fuera el primer cerco por vencer para el morisco: la censura católica de sus fieles en el mismo acto del bautismo. En el fondo, casi todas las religiones señalan a los suyos públicamente con la divisa del nombre. Por ejemplo, el que no se llame en árabe difícilmente podrá ser considerado musulmán. Y lo mismo hizo y hace la Iglesia Católica bautizando a sus clientes con nombres de santos y santas.

Llamarse con nombre católico era condición necesaria para salvar el pellejo. Que no suficiente. También hacía falta cambiar los apellidos para acreditar la ascendencia veterocristiana del converso. Fueron varios los caminos para conseguirlo. Y a distintos precios. Algunos moriscos o judíos adinerados dotaron a la familia de un cristiano viejo para casarlo con una de sus hijas, añadirle sus apellidos agnaticios y asegurar el futuro de su estirpe. Todavía cantan las abuelas del Albaicín que «*los amores de Navarra son caros pero son buenos*». Los hubo que las encerraron en conventos. Y gracias a esta decisión forzada por el estado de necesidad se mantienen casi intactas las recetas de la repostería andalusí con el alma embutida en manteca de cerdo. Muchas moriscas salvaron la vida como amamantadoras de hijos. Esa es la raíz de la expresión lacerante sobre que tal o cual tiene mala leche. Otros pagaron una fortuna para alterar sus árboles genealógicos. Un caso muy conocido es el de Yahia Alnayar, morisco granadino convertido al cristianismo, que cambió su nombre por el de Pedro de Granada. Y lo consiguió después de invertir buena parte de su patrimonio en asalariar a un escribano anónimo para que redactase un memorial genealógico falso. Este memorial se encuentra en la actualidad en la Biblioteca de la Real Academia de la Historia en Madrid bajo el título «*Origen de la Casa de Granada, señores de Campotejar*». Se trata de un increíble y extenso texto en el que se pretende documentar la raigambre goda y cristiana de la familia. Una acumulación documental de carácter propagandístico, elaborada para dar legitimidad a su integración en la nobleza granadina. Su hijo

Alonso Venegas es heredero fiel de este esfuerzo. Son muchos los apellidos nobles que provienen de moriscos infiltrados. Enrique Soria Mesa se ha pasado media vida investigando quiénes son y cómo llegaron a serlo.

Otros optaron por pagar directamente a la Inquisición sus cartas de limpieza de sangre adoptando nombres y apellidos que no despertaran recelo entre los perseguidores. Este fue el caso de la aristocracia morisca en Huesca. Pero la riqueza que inicialmente sirvió de privilegio para salvar la vida frente a la Inquisición, luego se tornó en un problema irresoluble: eran precisamente los más ricos a los que más se les podía confiscar. Constituyen un claro ejemplo de esta persecución la sufrida por las familias moriscas Compañero y Çafar de Huesca. Al que fuera notario Hernando Çafar llegaron a condenarlo de herejía *post mortem* con tal de apropiarse de sus bienes raíces. La crueldad de la sanción, en el fondo y en la forma, produce vómitos. Exhumaron el cadáver que estaba sepultado en el altar de San Gabriel. Sacaron los huesos y los envolvieron en un trapo para arrojarlos anónimamente a un descampado. De nada sirvieron las ayudas que el aristócrata concedió a la Iglesia en otro tiempo. La herejía no tiene memoria.

Aquellos que consiguieron perpetuar con cierta prudencia sus nuevos apellidos, los pregonaron a los cuatro vientos para airear su alcurnia y evitar que otros moriscos tomaran el mismo linaje como referencia. Con estos fines, en el dintel de la puerta de una casa de Peñafiel colocaron esta leyenda:

POSO A ELCANO Q:BEDO
ESTE NOMBRE TOMEO
Q. EL MORO NON PASSASE
PORQ. OTRO NON LE TOMASSE
(ANO D. 1668).

Los menos pudientes tomaron a la conversión los apellidos de sus señores a cambio de seguir cultivándoles las tierras como esclavos. De ahí proviene el conocidísimo «el que tiene padrino se bautiza». Sea a cambio de dinero, matrimonio o de trabajo, hoy parece que todos fuésemos hijos de cántabros y asturianos.

Como si la vieja Al Ándalus se hubiera convertido en un solar repoblado con la posteridad de las madres más parturientas de la península. Curiosa paradoja. La mayoría de los españoles seríamos oriundos de los lugares donde no se suelen celebrar las onomásticas, porque allí nunca necesitaron ostentar su condición católica. Ya lo eran. Eso dice la heráldica. Pero no el sentido común.

A muchos no les quedó más remedio que la picaresca. Valga como ejemplo un episodio de la novela «Alonso, mozo de muchos amos», de Jerónimo de Alcalá y Yáñez, datada entre 1524 y 1526, donde se cuenta la historia de «*aquel morisquillo de Toledo que está jugando en un cigarral con otros chicuelos y cuando Alonso le pregunta su nombre, responde inocentemente que se llama Hamete en casa y Juanillo en la calle*». Al vecino argelino de un amigo mío lo llaman Jaime en el barrio. Su verdadero nombre en Hammed. Y hay Jaimes a patadas en el Levante. Tantos como moriscos juraron echar.

Otro mecanismo de ocultación fue el de asignarse unilateralmente apodos para mantener los vínculos de solidaridad, asignarse las *kábilas* de la familia extensa y recelar de los extraños. De ahí viene la pregunta tan frecuente en los pueblos al iniciar cualquier conversación: ¿Y tú de quién eres? La necesidad de la identificación previa por puro instinto de supervivencia para asegurar el círculo de confianza. Bastante común es el mote derivado de la madre, del oficio o del toponímico, muy utilizados todavía en el mundo flamenco o taurino, plagados históricamente de descendientes de moriscos: Juana la del Cepillo, Ángel de Álora, Antonio de Canillas, Antonio Mairena, Pericón de Cádiz, Márquez El Zapatero, El Cabrero... Como explica Rodrigo de Zayas, «*cada morisco llevaba dos series de nombres: en primer lugar el nombre y apellido cristianos, pues había sido bautizado, y en segundo lugar su nombre tradicional al que se añadían referencias a su linaje agnaticio (...) Su nombre cristiano de nuevo convertido le identificaba a su padrino o al nombre de su pueblo*».

¿A qué se debe esa tendencia mantenida durante siglos a unir datos y motes al nombre cristiano? En realidad, se trata de la hermosa herencia del modo de construcción de los nombres en la tradición semítica. A diferencia de la expresión inamovible que se otorgan los cristianos al nacer, para judíos y musulmanes el nombre está vivo y debe amoldarse en todo momento a la persona que identifica. Todo eso y mucho más nos explicó mi hermano Sebastián de la Obra mientras caían las sombras, en una inolvidable conferencia con motivo del Festival de las Tres Culturas de Frigiliana.

El nombre en hebreo y en árabe contiene el contexto temporal de tu vida: el futuro, el presente y el pasado. Comienza designando el nombre de tu primer hijo varón. El que tienes o el que tendrías. A esta fórmula se llama *Kunia* y de ahí proviene la deformada expresión *alcurnia*. Luego se añade tu nombre sencillo. El que te asignaron tus padres. A los que mencionas después hasta la tercera generación. Ahí se cierra la cita de la sangre. A partir de entonces, el nombre se carga de raíces y alas. Primero, con el lugar de tu nacimiento, de residencia actual y el del viaje que más sació tu espíritu. A continuación se añade tu profesión conocida. Y después, las características morales y físicas con las que te sientas definido o te definan los demás. Sebastián de la Obra terminó diciendo que los que se llaman así entre ellos, en árabe o en hebreo, musulmanes o no, son llamados ilegales por los gobiernos europeos. Sin papeles. Sin nombre. Y un silencio espeso cerró la boca a muchos y a todos nos abrió los ojos.

Yo nací y crecí en el mismo pueblo donde ahora vivo y quiero morir. Y he conocido a cientos de paisanos que contienen dos o tres generaciones en sus nombres, defectos físicos, cualidades, profesiones, lugares de origen, de destino... Así son reconocidos por el pueblo que pregunta quién ha muerto después de leer su esquela. Todavía.

ARQUEOLOJÍA DE LO JONDO

Qu´an hecho las moras
Qu´an dejao la morería
Pá meterse a bailaoras

Morente y Lagartija Nick, *Omega*
(Teatro de la Axerquía, Córdoba, 9/VII/2009)

No coinciden exactamente en el espacio ni en el tiempo los procesos de islamización y arabización de la península. Al principio, la aceptación de la realidad musulmana se hizo en romance prematuro o latín hispanizado. La lengua del pueblo. La única que conocían y que podían utilizar los habitantes peninsulares. Salvo la minoría omeya, los propios «invasores» provenían del norte de África. De la Tingitania. Una provincia romana donde se hablaba bereber o latín, y con más restos arqueológicos que en toda Gran Bretaña y Alemania juntas.

Hubo de pasar más de un siglo para que el árabe penetrara como lengua culta entre las élites políticas, creadoras y científicas de Al Ándalus, no importa la religión que profesaran. El árabe culto. El coránico, no el dialectal. La dificultad obvia del aprendizaje provocó que buena parte de la población hablase en *aljamía,* etimológicamente «idioma extranjero» para la entonces y siempre minoría oriental. Y con razón aquellos extranjeros y sus primeros descendientes llamaron «aljamía» a esa lengua hispana que no alcanzaban a entender, producto de la mezcla práctica de cien porciones de latín por cada una del árabe. Es normal que así fuera. Como en la teoría de los vasos comunicantes, las aguas de ambos idiomas se fundieron en una sola lengua viva, en constante evolución, ocupando inicialmente el romance la parte más ancha y el árabe la más estrecha. Eso explica que al principio esta lengua sin nombre para quienes la hablaban se escribiera en caracteres latinos. Hay monedas del siglo VIII con el lema de la *shahada* en latín. Algunas con gacelas y estrellas, ajustadas sin embargo al peso y medida orientales. Y hay muchas piezas en este periodo de confusión idiomática, que utilizan grafemas aparentemente árabes pero que carecen de traducción posible en la actualidad. De lo que se deduce que se acuñaban expresamente para el pueblo llano (*amma*) que hablaba en este idioma en tránsito o formación. Incluso se piensa que los habitantes de la Cora de Elvira (Castilia) llevaron consigo esta lengua nueva a los pueblos burgaleses dando origen al castellano.

Con el tiempo, el árabe fue tomando el protagonismo hablado y casi el monopolio escrito. Lo que no quita para que la sintaxis y el vocabulario dialectal se nutrieran de la ósmosis permanente entre el árabe y el incipiente castellano. Me refiero a la tan denostada *algarabía.* Una vez pasada esta primera fase de confusión idiomática, la *algarabía* fue la principal lengua hablada en Al Ándalus por los propios andalusíes. El árabe hispano. Pero la extirpación histórica de la España islámica y su endémica confusión con la cultura en árabe, condenó la algarabía a ser el sinónimo académico de hablar mal o atropelladamente. El maldito prejuicio que todavía pesa sobre la lengua andaluza, la más hablada en España y Latinoamérica a pesar de los informativos. La verdad es justamente la opuesta. *Algarabía* quiere decir lengua de occidente (*al garb*), en contraposición al árabe que se hablaba en oriente. Una auténtica declaración de principios. Una exaltación nacionalista de la diferencia.

Para entender mejor el tránsito del aljamiado (lengua nativa popular y extranjera para los primeros árabes) a la algarabía (lengua árabo-occidental para los andalusíes), quizá sirva de ejemplo la particular metamorfosis que está experimentado el castellano en los Estados Unidos. El idioma que emplean los latinos o hispanos combina palabras y estructuras propias del inglés con palabras y estructuras propias del español, generando un código nuevo que obedece a sus propias reglas o a ninguna. Y todo ello emana de la necesidad natural de entenderse entre quienes hablan distinto.

Puesto que la *algarabía* terminó consolidándose como el núcleo de la lengua vehicular en Al Ándalus, sin perjuicio del *djudezmo* (antiguo judeoespañol) y la *haquetiya* (un cóctel de aljamía y hebreo al que llaman los sefarditas marroquíes «música del habla»), otra imposición asimilista de la Iglesia-Estado fue prohibir a la población conquistada hablar en ellas. La manera más rápida para que mudéjares y moriscos aprendieran el idioma de sus conquistadores fue trascribirlo con los caracteres del alifato, perdiendo fonemas y sonidos por el camino. Ellos mismos llamaron *aljamiados* (por extranjeros) a estos escritos en árabe que suenan a romance, anónimos por lo general para no despertar sospechas. Los moriscos que posteriormente aprendieron a leer y escribir en «cristiano» fueron llamados *ladinos*. De ahí le viene el tufo peyorativo que le arroja el diccionario. También es *ladino* el idioma religioso de los sefardíes resultante de calcar en el mismo orden sintáctico los textos bíblicos hebreos con letras latinas o con caracteres rasíes. Así pues, la aljamía escrita es a la algarabía hablada, lo que el ladino al *djudezmo* o judeoespañol. Aunque les pueda parecer increíble, hasta los últimos años del siglo XVIII no se sabía que los judíos y moriscos hubieran escrito en castellano pero con sus caracteres (árabes y rabínicos); así que, sin que a nadie pueda hacerse cargo, tales obras pasaron por estar escritas en lengua persa, bereber o rabínica (*Estudios críticos de Historia árabe Española, 1917 de Francisco Codera*). Hasta este extremo de ignorancia alcanza la destrucción mental de la prueba.

Y existen casos extremadamente coincidentes entre unas y otras lenguas, producto del sincretismo andalusí. El gran RAMBAM (Maimónides) ya dijo en el siglo XII: «*En cuanto a las lenguas árabe y hebrea, convienen cuantos las conocen en que ambas son una sola lengua sin género alguna de duda, y lo mismo sucede con el siríaco, afín de ambas*». Y no seré yo quien lo desmienta. Por ejemplo, las palabras «desmazalado» y «desbarcado» beben de la misma fuente en el fondo y en la forma. *Mazal* significa suerte o destino en hebreo. *Baraka* lo mismo en árabe. Desmazalado equivale a desdichado. Igual que «desbarcado», aunque lo nieguen los académicos. De pequeño se nos «embarcaba» la pelota cuando la perdíamos tras una tapia o en el tejado del vecino, con escasas probabilidades de recuperarla íntegra. La palabra juega polisémicamente con la memoria: la pelota se «embarca» como el morisco deportado y sufre idéntico infortunio (*des-baraka*). Que se pronuncie «embarcado» obedece a la misma lógica prosódica de «enmayado» por desmayado.

La palabra podría encontrar igualmente su raíz en una deformación de «desbardado» o «embardado». Barda es la «cubierta de sarmientos, paja, espinos o broza, que se pone, asegurada con tierra o piedras, sobre las tapias de los corrales, huertas y heredades, para su resguardo». También así eran las chozas moriscas y flamencas. Como no podía ser de otra forma para nuestro diccionario, la palabra tiene un origen incierto.

Una vez explicada la poliédrica evolución del árabe en la península, se entiende la magnitud del error que comete quien lo identifica con lo musulmán. Tan grave como llamar español a un boliviano solamente porque habla castellano. Marruecos no es un país árabe porque sus habitantes hablen en árabe, por la misma razón que un argentino no es español porque hable en nuestro idioma.

Sin embargo, esta equiparación incorrecta se mantiene viva en el subconsciente de los académicos. Especialmente, en aquellas palabras donde la moral musulmana y el árabe se dan la mano (como jarana). O que nacieron etimológicamente con el trauma de la expulsión (como flamenco). A pesar de las miles y miles de voces que provienen sin duda del árabe, el origen de estas palabras es incierto o francés u holandés para el diccionario. ¿Por qué?

Muy sencillo. Nadie cuestiona la raíz árabe de almohada, alfombra o alfajor, palabras inicuas para el régimen católico de la época, porque hacía mucho tiempo que formaban parte del vocabulario del «castellano» antes de la expulsión. Pero la mayoría de aquellas expresiones de etimología confusa nacieron precisamente en la «era flamenca» para dar nombre a las nuevas situaciones anónimas que padecían los moriscos y conversos. Por entonces, ya nadie hablaba «oficialmente» el idioma de los expulsados. No podía aceptarse que una palabra nueva tuviera origen árabe porque sería tanto como admitir el fracaso del negocio. En teoría, no había musulmanes ni descendientes de aquellos en la península. Luego es lógico que se buscaran paralelismos en cualquier otro idioma, por estúpidos o lejanos que parecieran.

Ahí está el error. El morisco quizá no entendía el árabe clásico, al igual que hoy muchos musulmanes de cultura árabe recitan de memoria el Corán sin entender nada de lo que pronuncian. Pero seguro que los conversos que optaron por esconderse hablaban el árabe convencional, modificado en sus formas y giros por el aljamiado popular. Y lo utilizaron entre ellos para bautizar lo nuevo o lo prohibido. Como flamenco. O irse de jarana. O de feria. O de jaleo. O de bulla... Toda ellas pronunciadas en su lengua natural y no en la de sus conquistadores. Lo hablaban. Sí. En casa. En voz baja. Pero no lo escribían jamás, y mucho menos en caracteres árabes, para no ser descubiertos. De ahí que la cultura de lo flamenco sea esencialmente ágrafa. De una memoria oral prodigiosa. Que unos califican de analfabetismo porque son incapaces de ver la viga en el ojo propio.

Por último, la diáspora morisco-flamenca por la costa y sierras de interior también provocó fenómenos de identidad en las hablas y costumbres entre zonas alejadísimas entre sí. Todos ellos hijos moriscos de la misma madre. Por ejemplo, no responde a la altura, ni al clima ni a la casualidad, el enorme parecido entre la forma de hablar de la eurovisiva Rosa de Peñuelas (Granada) y Jesulín de Ubrique (Cádiz). A los moriscos de la comarca del Marquesado del Zenete en Granada no se les expulsó por permanecer ajenos a la revuelta alpujarreña. Se les declaró exentos. Curiosamente, aún se utiliza esta expresión como insulto entre los hijos de los expulsados que no se fueron. Muchos de ellos emigraron durante la posguerra civil a la Vega del Gualdaquivir. Los que marcharon siglos atrás, fueron a parar a las ubicaciones más inhóspitas de los alrededores a la serranía de Ronda. Por eso el zezeo de la cantante es más similar al del torero, habiendo crecido separados por cientos de kilómetros, que a cualquiera de sus amigas granadinas del colegio.

La aleatoria distribución de los moriscos deportados; la compleja simbiosis mantenida con los repobladores; la permanencia excepcional de moriscos perdonados como los citados del Zenete, Tortosa o Cádiar; el retorno a la península de muchos de los que se fueron; y el sustrato indeleble de tantos siglos hablando en un idioma distinto al castellano, dificulta enormemente el dibujo de un mapa uniforme de la fonética de influencia morisca, especialmente la andaluza. Lo que no quita para que sus ecos diferenciadores sean reconocibles por cualquiera. Desde Badajoz a Murcia. El sonido rasgado de la jota se mueve entre la *já* árabe (propia de Jaén) y la mayoritaria aspiración débil de la *há* del alifato. Isidro de las Cajigas llegó a afirmar hace un siglo que el valor fuerte gutural de la jota castellana no había penetrado aún en Andalucía. Ahora quizá sí, gracias a la inestimable ayuda de la radio y de la televisión. Sobre todo, en los medios andaluces y por periodistas andaluces que no hablan igual delante del micrófono que cuando bajan a tomar el café. Y añadía que en árabe no existe el sonido correspondiente a la consonante *pe*. Eso explica por qué en algunos lugares de Andalucía, Extremadura, Aragón y Murcia se pronuncie con tal inseguridad, que se hace idéntica a la dialectal del norte de Marruecos, que a su vez tomaron de los emigrados moriscos granadinos.

Todavía existen diseminados numerosos vestigios de la pronunciación arabo-andalusí. Quizá el más evidente sea el sonido silbante de la *ché* en Sevilla y Cádiz, equivalente a la *shin* del alifato. Y no menos curioso es el silbo de la *xin* en localidades de pasado sefardí como Lucena, Bujalance, Puente Genil, o comarcas de la baja Alpujarra. Ocurre otro tanto con la curiosa dicción de la letra *q* como si fuera la *caf* árabe, entre la población gitana y comunidades serranas de notoria raigambre morisca.

A pesar de las innumerables pruebas que demuestran la pervivencia sonora de Al Ándalus en nuestra garganta, y de las miles de voces de reconocida raíz árabe que se conservan en el diccionario y en las jergas rurales de Andalucía, sólo voy a citar algunos ejemplos de palabras que nacieron con lo morisco y su expulsión. Palabras expósitas. Sin padre ni madre. Porque dicen mucho de lo que no se ha dicho nunca.

FLAMENCO

Del neerl. flaming.

1. adj. Natural de Flandes. Ú. t. c. s.
2. Perteneciente o relativo a esta región.
3. Dícese de lo andaluz que tiende a hacerse agitanado. Ú. t. c. s. Cante, aire, tipo FLAMENCO.
4. Que tiene aire de chulo. Ú. t. c. s.
5. Aplícase a las personas, especialmente a las mujeres, de buenas carnes, cutis terso y bien coloreado. Ú. t. c. s.

Estaba sentado en un alféizar (palabra que proviene del árabe) de un Carmen (palabra que proviene del árabe) del Albaicín (palabra que proviene del árabe), admirando la Alhambra (palabra que proviene del árabe) mientras me comía un *joyo* de pan con aceite y azúcar (palabras que provienen del árabe). De fondo, se oía flamenco (palabra que proviene de... Holanda). Eso opinan los académicos de la lengua. Quizá porque piensen con ella. Con la lengua, quiero decir.

No entiendo a ciertos flamencólogos que otorgan mayor credibilidad a este disparate «documentado», que a la emoción indocumentada que sienten al escucharlo. Por favor, utilicen el mismo sentimiento para derogar el diccionario y otorgar sentido común a lo que sienten.

Etimológicamente, flamenco proviene de los términos en árabe *felah* (campesino) y *mencub* que significa excluido, marginal, desposeído de la tierra, de su casa, de su lengua, de su vestido, de su religión... pero no de su memoria. A mi alumno marroquí Amin Sadik le rogué que escribiera con grafía castellana los sonidos de ambas palabras. Como una aljamía invertida. Y escribió esto: FLAMENCO.

En árabe existen dos categorías de expropiación: patrimonial y sensorial. El *mindún* sufre la primera (de ahí proviene la palabra *mindundi*). En algunos pueblos se utiliza la expresión similar *mendondo*. O incluso *mondongo*, como sinónimo de sobra, casquería o desperdicio. A ellos les han podido quitar la tierra, la casa, la ropa, todo lo material y evaluable en dinero... menos el alma. El *mencub* sufre la segunda. Y la primera. Las dos. Le han robado todo. Lo tangible e intangible. El cuerpo y el alma.

Inicialmente, el *felah-mencub* era el exiliado interior. La persona, no el arte. El marginado. El excluido. El invisible. Y era llamado así en la única lengua que conocían. Le rogué a este alumno marroquí que me pusiera un ejemplo para entender mejor el significado de la palabra y así me contestó: «imagina que estás dando agua a un grupo de sedientos; al *mencub* no le darías nada por desahuciado, por nadie, por ser precisamente quien más la necesita». Y me puso otro ejemplo aún más contundente: «al *mencub* le falta lo más evidente: una pierna, una mano, un ojo». Y yo le contesté: el alma.

El flamenco era el morisco desplazado que oculta su ascendencia musulmana, sin más patria que sus pies ni más fortuna que sus manos. Es el jornalero que trabaja para otro. O el hortelano que cultiva en cerros imposibles apenas para sobrevivir. O el quincallero errante que se mezcló con los gitanos. O el pescador de Santa Pola... Por eso se dice que vas vestido de flamenco o de flamenca. De campesino sin tierra. Y sin nada. El flamenco nació y murió siendo nadie sin nada: *«Y se lo encontraron en la calle/ con un puñal en el pecho/ y no lo conocía nadie»* (Camarón, *La leyenda del Tiempo*).

Pero los *felah-mencub* no perdieron la memoria de la expropiación. Lejos de olvidar, interiorizaron la tentativa de arrebato de su identidad para cantar en solitario su música popular con la garganta llena de sangre. Para crear con ella. Así nació el cante *jondo*. Lo flamenco. La expresión oculta y desconocida de su dolor íntimo. La máxima expresión sentida del *quejío* en el mínimo espacio posible: dos sillas y un metro cuadrado para el baile. Pero tan universal como un verso de Kavafis o Pavese. Una forma viva de mirar y entender la vida. Una estética única del sufrimiento y de la superación. El duende. La magia. La inspiración más sublime y más racial. Por eso lo flamenco no será jamás un fósil a diferencia de otras expresiones culturales populares. Está vivo porque está hecho de vida. Y sobrevivirá porque nació para sobrevivir.

Sin saberlo, los flamencos se saludan como musulmanes, «a la paz de dios hermano», traducción literal de *salam aleikum*. Lanzan ayes desesperadamente como si se les partiera el alma por lo perdido. Levantan el dedo índice en señal de lo uno y lo único. Y pronuncian el nombre de *Allah* (Ole) ante la exaltación de lo sublime.

Los hispano-romanos de Al Ándalus, desde Tarifa a Zaragoza, del Algarbe a Valencia, ya fueran musulmanes, judíos, cristianos, paganos o ateos, hablaban el árabe cambiando la vocal «a» (*fatha*) por el sonido «e». Quizá debido a la influencia de la vocal Siria maestra y del arrastre prosódico en el alumno nativo. A esta peculiar forma de pronunciar se llama «imela» y se ha conservado casi intacta en el Levante y Andalucía. En Aragón dicen, ala. En Andalucía, ele. En España, ole. Y todos pronuncian inconscientemente el nombre absoluto de Dios.

Los flamencos arrancan entre palmas gritando en imela las primeras palabras de la *shahada* (*la illaha illa Allah*): «No hay Dios sino Dios». Negar la extraordinaria semejanza de los melismas flamencos con la llamada a la oración del muecín es como poner vendas al mar para no verlo. Sangrante en los palos sin acompañamiento instrumental, del martinete a la toná, pasando por la debla (diosa en caló) o la misma saeta. La *shahada* unifica para el creyente las palabras sinceridad y unidad. También es el ritual de aceptación del Islam. No necesitan hacerla los niños y niñas que nacen musulmanes, pero sí los que perdieron su condición original, su naturaleza, su *fitrah*. Es lo mínimo que se le exige a un *kafir* (cafre) o un no creyente o quien dejó de serlo para ser reconocido musulmán. Como el morisco. Un converso, a fin de cuentas. Con la recitación sentida de la *shahada*, el cantaor revive y actualiza el Recuerdo más antiguo, lo que perdió por fuera y mantiene vivo por dentro.

Uno de los palos madre de lo flamenco es la *soleá*. Bendita palabra. Y qué transparente. La mayor parte de los palos flamencos son crípticos en esencia. Y se mimetizaron en una palabra castellana para mantener con vida el mensaje. *Soleá* es el mejor ejemplo. Por lo que significa por dentro y por fuera. Quizá provenga de la expresión en árabe *sal-lah Allah,* apócope de la loa en bendiciones y paz para el profeta Muhammad. Si lo fuera, no ha podido encontrar mejor palabra donde parapetarse: soledad. El fotograma de lo flamenco. En una de las letras más emocionantes que yo haya escuchado nunca, se radiografía el tránsito del morisco de fuera adentro: *Ya no me asomo a la reja que me solía asomar, que me asomo a la ventana que cae a la soleá.* Del amor en público a la persecución en privado. De la luz de la calle a la oscuridad del patio. Con cuánta razón el enorme e intuitivo Blas Infante decía que lo flamenco es música solitaria que acentúa en la soledad su carácter individualista.

Tampoco puede esconder la *siguiriya* su fonética morisca. Lo más evidente es que se trate de una adaptación al árabe de la composición poética en castellano. Y sería creíble sino fuera porque no suelen coincidir en la métrica ni en la rima. Yo creo más sensato su procedencia encubierta de un término en árabe. Probablemente del modo de ejecutar en la práctica la *sidq,* es decir, quien actúa con sinceridad y no teme a la verdad. En cualquier caso, la *siguiriya* puede ser el cante que menos haya evolucionado en la historia de lo flamenco. Y la que encierra en sí misma el drama absoluto de la pérdida del morisco. Para mi admirado Ricardo Molina, «así como otros cantes admiten la posibilidad de expresar lo intrascendente, lo anodino lo cotidiano, a la *siguiriya* le están vedados estos temas. Son incompatibles con su música, con su *pathos,* con su naturaleza. La *siguiriya* es grito del hombre herido por su destino. Sólo puede expresar sentimientos profundos, tragedia radical, la tragedia de ser hombre». El palo se remata con el *cabal.* Como el lorquiano: *tierra de luz, cielo de tierra.* Pero no se trata de la moraleja con la que se abrochan las fábulas para darle sentido al relato, aportando juicio y cordura por definición. De nuevo parece vencer lo obvio a lo críptico. A menos que miremos con los ojos del morisco que simula y olvida. Lo *cabal* alude de manera incontestable a la fórmula coránica que cierra todos los rezos y plegarias: *Allahu akbar.*

La *farruca* también proviene del árabe *faruk* que significa valiente, el que distingue la verdad de la mentira. En *polos, tonás, serranas, cañas* (de *gannia,* canción), *verdiales* y cantes de ascendencia remota, se repite hasta el hartazgo la palabra *fatiga.* Pero no en su raíz latina de cansancio o esfuerzo, ni en la médica de náusea, sino en la coránica y espiritual de pena y sufrimiento: *Ya nadie tiene fatigas que toas las tengo yo, que tengo una losa negra dentro de mi corazón.* No me cabe la menor duda de que se refiere a la *Fatiha* o exordio del Corán (*Bismillah Rajmani Rahim),* una síntesis esencial del texto sagrado, y la *sura* que más repite a lo largo de su vida un musulmán. Fatigas las mías. Limones de noche. Limones de día. Y son muchas las fatigas que cuesta conseguirlo.

El flamenco no nace en el siglo XVIII: se revela. Sale de las cuevas. De lo profundo. De lo *jondo.* Y con la visión poética y visceral del romanticismo extranjero, se dignifica. Coincide la fecha de su alumbramiento con la desaparición de la Santa Hermandad. No es causalidad. Si no hay represión, no hay por qué ni de qué esconderse. A pesar de la primera abolición por José Bonaparte en 1808 y la definitiva por decreto de 9 de marzo de 1820, muchos de los privilegios de la Inquisición se mantuvieron intactos hasta 1834. Y me temo que otros subsisten todavía. Después de un trance de desprestigio a finales del XIX, enarbolado por algunos intelectuales de la generación del 98 por pura asociación visceral con el trauma, la cultura de lo flamenco se revaloriza en pleno siglo XX. Gracias a Dios. Y a Lorca. Y a Falla. Y a Mairena. Y a Chacón...

Y hoy, tras varios siglos de exposición a la luz de la ortodoxia y a su constante renovación, lo flamenco como expresión artística está más vivo que nunca. En el cante. En el toque. En el baile. En el traje. En la forma de vivir. Era y es patrimonio inmaterial de la Humanidad, reconocido al fin por la UNESCO aunque no le hiciera falta. Pero se le sigue negando su origen auténtico. Lo que más necesita. Tomar conciencia de sus huellas moriscas y de la estética de la fatalidad que lo alimenta. Porque se están perdiendo en el agujero negro del olvido y de la uniformidad cultural del consumismo globalizado, sin que hayamos sabido nunca lo que fueron ni significaron.

JARANA

De or. inc.

1. f. fam. Diversión bulliciosa y alborotada.
2. fam. Pendencia, alboroto, tumulto.
3. fam. Trampa, engaño, burla.

«Ya no me asomo a la reja» es un verdial que recopiló Juan Antonio de Iza en 1709, y que ahora cantan eléctricamente Los Planetas en versión de Enrique Morente. En él se contiene la esencia más pura del ser exaltado, contradictorio, sincrético, amante y vital del pueblo morisco-andaluz:

«Como moro soy más moro/ como cristiano cristiano/ como bueno soy más bueno/ como malo soy más malo/ soy más malo que el veneno/ después de haberme pasado toda la noche de jarana/ me vengo a purificar debajo de tu ventana como si fuera un altar».

De la misma manera que *jaleo* o *jalar* se corresponde con lo permitido (*halal*), la identificación de jarana con lo impuro es justamente lo que significa *haram* para el musulmán. Lo no permitido. Lo prohibido. Pero el mudéjar, y con más saña el morisco, vivió en una perpetua contradicción íntima porque parte de aquello que el Corán prescribía como «ilícito» conformaba la idiosincrasia milenaria de su pueblo. Sobre todo, el consumo del vino.

Antes de las invasiones norteafricanas, fue admitido sin prejuicios por Averroes o Ibn Hazm con referencias indirectas al propio libro sagrado. La *sura* 5, *Al Maida, El ágape, Aya 4* del Corán dice: *«os están permitidas todas las cosas buenas de la vida»*. A pesar de los primeros barridos morales del integrismo bereber, al andalusí peninsular le costó entender que determinadas prohibiciones alimentarias o morales no formaran parte de lo *halal*, de lo permitido, es decir, de todas esas cosas buenas de la vida. El vino encabezaba el catálogo. Siempre se había consentido sin reparos dentro del sincretismo cultural andalusí. Son millares las referencias al respecto dentro de la poesía islámica: *El solaz sólo se halla en un vaso de vino* (Ibn Jafaya); *El vino es como su saliva* (Ibn Wahbun); *Daría mi vida por Usayna, comensal inseparablemente asignado a las copas* (Ibn Suahyd)... Los judíos lo admitían con absoluta normalidad. Ellos beben durante el *Purim*. Una fiesta de tintes carnavalescos donde el sefardí se emborrachaba hasta que confunde al hablar las palabras maldito y bendito. O durante la celebración de *Pesah* comiendo alrededor del cordero y llenando la copa a rebosar como los medios cordobeses. O al ocaso del *shabat*. O durante las bodas o las fiestas de circuncisión.... Cristianos, judíos y musulmanes andalusíes continuaron bebiendo vino. A escondidas o no. Sin sentirse traidores por ello. Incluso tras el advenimiento del primer rigor almorávide y almohade. Aunque para ser sinceros, la ortodoxia árabo-islámica terminó generalizándose, al menos en la conducta pública.

Todo cambió tras la conquista católica. El mudéjar y el morisco acentúo el cumplimiento estricto de su religiosidad como mecanismo de defensa. Y entonces tomó el vino contra su voluntad amparándose en la simulación permitida por el Corán para salvar la fe: la *Taqya*. Sus descendientes retuvieron la prohibición en la memoria, aún conociendo que abusar de su consumo equivalía a un salvoconducto vital. Eso explica su sentimiento de culpabilidad al irse de jarana. Haya o no perdido la fe. Haya nacido o no cristiano. Y por eso se redime bajo la reja del amor. Su religión universal e intemporal, aceptada en cualquiera de sus mutaciones. Así lo cantaba Antonio Mairena: *Te quiero más que a Dios. Jesús que habré dicho pá merecer la Inquisición.*

Algo parecido ocurre con todas las palabras derivadas de *farah*, alegría en árabe. Los académicos atribuyen origen desconocido a *farra* y ni siquiera incluyen en el diccionario *malfario* o *faralaes*. Sólo para la palabra *feria* se atreven a utilizar su raíz latina como muestrario de ganado, pero olvidando que posee un significado radicalmente opuesto a la alegría que lleva implícito el irse de ella. ¿Acaso es más creíble que los faralaes son franceses? ¿Cuántas mujeres vistieron de flamenca por Versalles? Traje o ropa se escribe en árabe *labs/lebs*, y se pronuncia con imela abriendo la vocal en sustitución de las consonantes finales. Luego *faralaes* significa vestido para la alegría. Irse de *farra* equivale a escapar de jarana. ¡Cuantos arrabales llevan ese nombre en la costa gaditana! Y *malfario* es sinónimo de mala sombra, mala suerte. Y *bulla* no proviene de la versión latina de hervir el agua, sino de la palabra boda en algarabía y del *jaleo* que se monta en ella. El cante de la bulla es la bulería (*bul-larya*)... Todas son palabras flamencas, hijas bastardas de la prohibición so pena de muerte porque nacieron para sentir la vida desoyéndola.

EL ALACRÁN DE DOS PANTALLAS

Cuco sobre cuco
Bajo cuco me,
Con un tíngolo tíngolo te,
Orma en saco
Y a la entrada del pueblo
Chicharraco

Santiago Montoto. *Andalucismos.*
(Estudio leído en la apertura del curso de 1915 en el Ateneo de Sevilla)

El olvido y lo críptico están condenados a encontrarse. Y cuando eso ocurre, lo segundo deja de serlo para convertirse en inefable. Cosa de Dios. Y el pueblo que lo repite sin cesar, y lo transmite de generación en generación como un eco, deja de preguntarse lo que significa. Ni de dónde viene. Aunque esconda en su interior las verdades cabalísticas o *sufis* más rotundas.

Es muy fácil encontrar ejemplos de estas canciones crípticas en España y en los lugares de destierro. Unas veces, son romances y coplas herederas de la cábala judía donde se entremezclan números y letras sin sentido aparente. Otras, retratan situaciones cuánticas, afirmaciones y negaciones a la vez más propias de un diálogo entre Ibn Rush e Ibn Arabí, descriptivas en cualquier caso de la espiral sin retorno en la que acabaron sumidos judíos y moriscos. Como un género de coplas que suelen bailarse en algunas poblaciones andaluzas y extremeñas, alejadas entre sí, aludiendo a la huida forzada del hogar y la imposibilidad de asilo en el pueblo vecino ya conquistado: «*Si el castillo de Almo-*

dóvar se volviera pan de higo, los malenos de Posadas ya se lo habrían comío. Ay qué castillo, ay que muralla. No hay más remedio que atravesarla. Si la atravieso o no la atravieso, en el Castillo me cogen preso. Ni eso es mentira ni eso es verdad: eso te tiene a ti que pasar». Yo la escuché parecida en Martos y en algunos lugares de la Sierra norte de Sevilla. Y en infinidad de cantes flamencos se repiten mensajes similares de imposible comprensión, a menos que se miren desde la óptica de la resistencia morisca y de su adaptación fonética a palabras conocidas en castellano, aunque la frase carezca por completo de sentido.

Para mí, el mejor ejemplo para explicar la supervivencia camuflada de lo morisco en lo críptico es el juego del alacrán. En muchos pueblos de colonización morisca del Valle de Guadalquivir, los jornaleros y las jornaleras jugaban en círculo a pasarse una piedra mientras entonaban esta canción:

El alacrán de dos pantallas/ a su lado brillaba el sol/ San José le dio a la erre/ Con el trique, trique, tron/ Simpático, simpático/ Que vengo de lavar/ Con el verde olivar/Con el trique, trique, tron.

Como muchas otras canciones populares, la letra parece no tener sentido. Incluso utilizan palabras de todo punto imposible que conocieran o manejaran jornaleros, en su mayoría analfabetos por obligación al desconocer inicialmente el castellano.

No es lo que parece. Aunque la dinámica de circular la piedra fuese preislámica, los jornaleros llevan siglos rezando una plegaria morisca sin saberlo. Un emocionante *tauriq* disfrazado de juego, girando la cara a cada golpe fonético, como en la dación de paz (*salam*). Los moriscos convirtieron las palabras prohibidas en sonidos similares aljamiados para no ser descubiertos.

En este caso, rezan una *salat de la necesidad* (*salat al- haya).* Bajo «el alacrán» se oculta «el Corán» (*L'quran*). Y dicen «*L'quran debdo ivantalla*» (El Corán que es ley obligatoria y provechosa). Aunque también podría ser «*L'quran def-dantaya*», las parte de atrás y delantera del libro y la *shura* en la que Dios escucha el fondo de las palabras secretas. Un mensaje críptico que justificaría por completo el disfraz de la plegaria.

Luego dice *Rasulhulah* («a su lado») en referencia a la iluminación que acompaña al Profeta. La expresión «San José» alude a dos nombres de Dios muy empleados en los alhaicales: San/

Sanant (Santo o Sanador) y Juje (Juez). Tampoco extraña la alusión al Sol, dios permanente en la población autóctona desde la antigüedad a nuestros días, mucho más si se trata de jornaleros del campo.

Allah arrizq («a la erre»), significa alimento, sustento, Providencia de Dios. *Risq* es una palabra árabe traducida normalmente en su sentido más material como provisión material, pero que trasciende a todos los medios de supervivencia moral y sensorial: razón, cabalidad, vista, oído. También resulta curioso que la letra «r» suene «rá» en árabe y que se juegue con ella en sus múltiples acepciones, en especial como letra aislada:

La rá no aspira a unirse, tampoco yo/ La separación nos une, pues somos iguales./ Una vez a solas, escribí una rá en la palma de mi mano/ Y estallamos la rá y yo en un mudo sollozo (Al Ramada de Córdoba. La erre)

Trique (*Dikr*) significaría evocación, recuerdo. Un *dikra* es una plegaria colectiva de repetición continua que suele incluir ayas del Corán. Son *dikras* encubiertas las salves rocieras donde se repite hasta la saciedad el nombre de Dios (Olé). Trique también podría derivar del plural de la palabra ṭarīq (*ṭuruq*), que además de truco y engaño, se utiliza para designar el cambio de algo por algo y cualquier maniobra o estrategia para alcanzar un fin. Curiosamente, todos los significados encajan en lo que están haciendo los jornaleros: trucar una piedra por otra para engañar al espectador y mantener así sus conciencias intactas. Las plegarias moriscas son polisémicas por naturaleza. Como reza la *soleá: «No hay cosa más bonita que saber sin preguntar»*.

La oración termina diciendo «*Que vengo de lavar/ con el verde olivar*». Ambas expresiones son dos adaptaciones fonéticas de una misma estrofa del *takbir* con la que termina siempre el *salat* o cualquier plegaria: *Al- lahu akbar* (Allah es grande). Impresiona que vengan de lavar (ablución o *wudu*), gesto obligado antes de la oración y habitual antes de comer, precisamente en el olivar donde trabajan, y la palabra «verde», color del Islam, de la esperanza, de las ancestrales verdiales, de la vida y de la bandera de Andalucía.

El origen islámico de esta plegaria lo demuestran las huellas del mismo juego que se encuentran vivas en Marruecos, Argelia,

Libia, Túnez, y especialmente, en Uruguay, Brasil y otras zonas de Hispanoamérica. En el mismo Montevideo los niños se sientan en redondo para pasarse una piedra mientras pronuncian frases y palabras sin sentido, pero con una parecido fonético espectacular al que cantan los jornaleros andaluces: «Washinton desufandalla». Que nadie piense en la capital de los Estados Unidos, claro está. Me temo que alude al *wahy*, Revelación o instinto natural y espontáneo que te despierta a la Realidad y hace despertar a los demás.

La prueba más evidente del origen musulmán de esta plegaria la encontré en Brasil. Los niños agarran una lata y describen en el aire malabarismos rítmicos mientras cantan «*alecrim, alecrim dourado...*» En 1835 tuvo lugar un importante levantamiento de esclavos musulmanes en Salvador de Bahía. La represión fue bestial. Y los mecanismos de resistencia de aquellos malês (musulmanes negros), muchos de ellos provenientes de los pueblos del Níger (*nagos-iorubás, haussá, jeje, tapa, borne, calabar, mina...*), fueron exactamente los mismos que emplearon los moriscos que decidieron quedarse en la península. Quizá el más llamativo sea el mantenimiento clandestino de sus nombres afromusulmanes. Los esclavos africanos conservaron la usanza islámica para designarse entre ellos. Sólo entre ellos. Nunca con los blancos. Como explica magistralmente Joao José Reis en «*Rebeliao escrava no Brasil. A história do levante dos malês (1835)*», entre los *nagos-iorubás* el nombre africano-musulmán tenía un valor simbólico muy especial: las condiciones físicas al nacer, las circunstancias del parto, la posición del individuo en el clan familiar, los periodos de bienestar o dificultad de su vida... Por ejemplo, se daba el nombre de *Ojo* a la persona nacida con el cordón umbilical enredado al cuello; *Ajayi* a la niña nacida con el rostro triste; *Alade* al pequeño nacido después de varias hermanas... Los *nagos-iorubás* añadían estos nombres afectivos (*oriki*) a los de nacimiento (*amuntoruwa*), o de bautismo (*àbiso*). Pero sólo empleaban aquel en los rituales iniciáticos dentro de las casas o para su seguridad interna como grupo. Cuando se inició la persecución en Bahía contra los insurrectos, muchos de ellos salvaron su vida porque no pudieron ser identificados por sus propios vecinos que desconocían sus nombres *de branco*. Por supuesto, sabían leer y escribir en árabe. Sobre una tabla con mango (*wala*) componían *suras* del Corán. A veces acompañadas con los nombres de los arcángeles Rafael, Gabriel y Miguel. Era durísimo para la etnia blanca dominante, compuesta por legiones de analfabetos, aceptar que esclavos africanos poseían conocimientos superiores a los suyos. Tras la represión blanca, los esclavos olvidaron la escritura en árabe pero no sus expresiones camufladas. Lo mismo ocurrió con otras muchas palabras de origen tribal africano. Pero conservaron, en la medida de lo posible, la tradición oral y determinados gestos del *din* musulmán. Vestían con ropa blanca, la llamada *abadá,* muy parecida a la levita de tela fresca que utilizan los mayores en Andalucía. Algunos libertos conversos al cristianismo, criticaban duramente a los esclavos por no comer tocino o por pensar únicamente en ser padres. Los hubo también que no aceptaron la derrota y se organizaron en guerrillas o *quilombos* a modo de monfíes. Muchos de sus rituales y rudimentos de resistencia combativa se conservan en la conocidísima *capoeira.* Todavía mezclan posturas convulsivas de origen ancestral mientras permanecen con las palmas, los pies y la cabeza contra el suelo. Y rezan en círculo. Jugando. Evocando la Realidad tras *suras* crípticas del libro sagrado: *Alecrim* (alacrán, alcorán). *Dourado* (a su lado brillaba el sol, *rasul-lullah*). *A deus senhor dos mundos* (de dos pantallas). *Compasivo, Misericordioso, Soberano do dia do juízo* (San José, Sanant Jujé, Sanador, Juzgador). *A ti adoramos e de ti pedimos ajuda* (nos dio la erre, el *arizq,* la ayuda, el alimento). *Amén.*

PRUEBAS DE MATANZA

Estava Don Toçino con mucha otra çeçina,
Çidiérbedas e lomos, finchada la cozina.

Juan Ruiz, Arcipreste de Hita. *Libro de buen amor.*

No hay que irse tan lejos para encontrar el reflejo más auténtico del sincretismo andalusí. Hablo de Melilla.

A Melilla casi nunca viajan los reyes de España. Ni los príncipes. Ni las infantas. Ni los maridos de las infantas. Ni los escoltas. Este desaire real no obedece a cuestiones diplomáticas. Ni a la sedicente naturaleza colonial de la ciudad. Ni a su controvertida soberanía. No van porque volverían cambiados.

El aeropuerto de Melilla cabe en una caja de zapatos. Los aviones aterrizan como las abejas sobre los estambres, dibujando círculos concéntricos de diámetro y altura decreciente, hasta acabar arrastrando la panza por una lengua de tierra de apenas 500 metros marroquíes. El vuelo desde la península recuerda a la última película de Gardel antes de estrellarse en Medellín. Un bimotor dibuja su silueta en las aguas del Mediterráneo, como quien se asoma a la calle desde un tercero para ver su sombra. El riesgo de una caída inminente no te provoca desasosiego sino esa sensación de paz interior que vaticina lo inevitable.

Llegué a la terminal a salvo. Allí me esperaba mi familia de ultramar con ansia de siglos. Me subieron a un cuatro por cuatro y me enseñaron la ciudad de fuera adentro: la insolencia de sus acantilados, la masculinidad de sus murallas, los puestos fronterizos (cuidados los marroquíes, arrumbados los españoles), el dédalo de la ciudad vieja, sus calles retorcidas como intestinos, el olor a mar antiguo y té con hierbabuena, la *henna* en las manos y pies de las mujeres rifeñas, mi cama limpia... En apenas unas horas me mostraron el decorado del alma utópica y mestiza que todos los andaluces llevamos dentro.

A Melilla la marginan en las cumbres hispano-marroquíes porque no encaja en ninguno de esos dos Estados formales. Políticamente española y geográficamente africana, Melilla es una república intercultural que sólo pertenece a la memoria y a los sentimientos de sus habitantes. Mi familia nació, creció y morirá en esa Melilla enjaulada que sólo proyectan en las noticias cuando se inunda de agua o de (in)migrantes. Un retrato injusto donde sólo hablan de fronteras, nunca de identidades. Los melillenses visten como rifeños, se despiertan con la llamada de los almuédanos a la oración, almuerzan pinchitos morunos y cenan dulces de miel con té. En los colegios y en las casas se celebran las pascuas cristianas, musulmanas y judías, sin más altercados que los ardores de estómago y la resaca.

Melilla es el mejor ejemplo que conozco de la necesaria «alianza de civilizaciones». Y para defender este modelo único de convivencia pacífica, nuestros gobiernos suben los espinos, envían tropas armadas con palos, y disfrazan la ciudad de la colonia que no es.

Volví en barco a la península con una familia más y un ventrículo menos. Igual les ocurría a los reyes si se atreviesen a cruzar el estrecho. Pero entonces Melilla se convertiría en la España que odia el nacionalismo español, los marroquíes la querrían extirpar de los mapas, y la Humanidad perdería para siempre la última reserva andalusí de la historia.

Llegué a Melilla un jueves a media noche. El viernes a mediodía lo celebramos con el mejor cuscús que yo haya probado jamás. Lo había preparado una sirvienta «mora». No hay día que mi prima no se meta con los «moros». Pero lo hace vestida con chilaba, babuchas y fumando. Al día siguiente, sábado, ella misma dejó puesto el puchero para guisarnos un cocido con una capa de un centímetro de grasa. Para el viaje de vuelta, me regalaron una pastela sefardí que vomité en casi todos los rincones del *ferry*.

El cocido es un plato de origen judío llamado adafina. Y tenía más o menos los mismos ingredientes que ahora, salvo la patata (que aún no había cruzado el Atlántico), y la carne que habituaba ser de cordero. El sincretismo cultural andalusí permitió que lo comieran por igual musulmanes y cristianos. Valga como prueba irrefutable su origen etimológico: siendo una comida hebrea, *ad dafina* proviene del árabe, y significa la oculta o la cubierta. Porque el calor se ubicaba encima del recipiente para que se cocinara lento, prácticamente solo.

Era costumbre entre los sefardíes celebrar el *Shabat* con adafina. Los judíos la ponían al fuego en el ocaso del viernes para comerlo a la puesta del sol del sábado. Las mujeres solían guardar agua lloviza para el caldo. No porque reblandeciera más aprisa la legumbre, sino como una hermosa alegoría del maná o regalo del cielo que supone para cualquier familia comer en *Shabat*.

En una hermosa recreación del Al Ándalus idealizado, mi hermano marroquí El Asri me contó que siendo niño lo llamaban sus vecinas judías para avivar las brasas que cubrían el anafe. Eso me dijo mientras me paseaba de la mano por la judería de la medina tetuaní, hoy prácticamente deshabitada. Casi todos los sefardíes marcharon a Israel. Quizá vivan mejor. Pero ya no tienen vecinos de otra religión hermana que les encienda la lumbre.

Con la dominación católica se le añadió a la adafina el tocino y la carne de cerdo. La popular «pringá». El plato perdió entonces su nombre sincrético para ser un producto anónimo más de la conquista, pasando a denominarse por el efecto de la cocción (cocido) o por el continente (puchero). Incluso en algunos sitios se le llama despectivamente «olla podrida», como si el cerdo hubiera fermentado el resto de los ingredientes con légamo y gusanos. Podrida o no, la seguimos comiendo. Y casi de la misma manera que siempre.

No es casual que en muchos lugares de España se continúe cocinando los sábados. Y con agua de lluvia. Como siempre se había hecho. Y que la gente retire el intruso en un plato aparte antes de servirlo en la mesa. Y primero se comen la adafina con unas hojas de hierbabuena. Y luego la pringá. Con las manos. Como el cuscús. Como siempre se había hecho. Como siempre.

El cocido maragato se come en el orden inverso. Primero la pringá. Después la adafina. Y se termina con el caldo. La maragatería es la cultura autóctona de una comarca leonesa, al oeste de la provincia, entre montañas y dehesas, atravesada por ríos y el camino de Santiago, con capital en Astorga. Aunque de pobladores milenarios, las raíces de su particular cultura la emparentan descaradamente con lo morisco. Sus artesanos textiles hilan alfombras idénticas a las que se fabrican en Chauen. Las casas guardan una similitud espectacular con las andaluzas. En su aspecto y configuración. Con puertas y ventanas azules, tejas morunas y patios centrales, amplios y empedrados, con macetas plagando las paredes al modo de Córdoba. Especialmente, las casas de los arrieros. La dedicación por excelencia de los maragatos. Visten a la usanza de los moriscos expulsados. Las mujeres con pañuelo y pedrería; los hombres, con bragas de riguroso negro muy similar al que usan los gauchos argentinos. Para algunos, los maragatos provienen de una tribu bereber denominada *baragwata,* que debió asentarse en el siglo VIII, posteriormente aniquilada por almohades y almorávides. Para mí, son descendientes de la primera deportación tras la derrota en las Alpujarras. Los delata la fecha aproximada de su constancia etnológica, tan abrumadoramente parecida a la morisca que asusta.

También ellos comen cerdo con la bebida. Como casi todos los españoles. No hay nada más español que irse de tapas. Porque no hay nada más morisco. La tapa que acompaña a las copas no es más que una demostración pública de catolicismo, antisemitismo e islamofobia. Como los duelos y quebrantos. Los taberneros tapaban el vaso con tocino para que aquellos que lo consumieran a los ojos de los demás no pudieran ser acusados de parecer moros o marranos. Por eso en los lugares de asentamiento morisco se fabrican vinos o licores y, sobre todo, comen de una forma tan desproporcionada los productos derivados del cerdo. A todas horas. Zurrapa para desayunar y morcilla para cenar. Manteca en los dulces andalusíes que han conservado en esencia las monjas de clausura, entonces hijas de moriscas escondidas bajo el hábito para salvar su vida y la de su familia. Y por la misma razón en los pueblos serranos se airean las chacinas y jamones en la entrada de la casa para evitar las sospechas de los inquisidores.

El grado extremo de simulación gastronómica es la patatera. Una especie de longaniza de tubérculo especiado, muy consumida en Extremadura, con la apariencia externa del chorizo. Las patateras se venden en las carnicerías. Y no son carne. Una burda falsificación vegetal para burlar al cuerpo pero no al alma. De ahí proviene su empleo como expresión popular sinónima de algo cutre o chusquero.

Confieso que siempre me ha desbordado la manera tan bestial de comer cerdo en España, especialmente en una zona tan calurosa como Andalucía. Y a la vez, el casi completo desprecio al cordero. Hasta que lo observas con ojos moriscos. En esta clave interpreto ahora las tradicionales matanzas en casa de mis abuelos. Toda la familia extensa, no importa lo lejos que estuviera, se reunía para contemplar la muerte del cerdo. En aquellas calles o plazas de escaso tránsito, el matarife practicaba su ritual al aire libre, delante de todos, para dejar claro la limpieza moral de su *Kábila.* Las matanzas durante las candelas de San Antón en Guadix, del Santo con el cochino en los pies, constituyen la epifanía más burda de la condición hipercatólica por fuera y morisca por dentro que haya visto jamás. Yo las presencié siempre en un patio o en el corral. Dentro. La mesa nunca estuvo paralela a la pared. Tampoco el cochino. Miraban al este. Quizá al sureste. Seguro que a la salida del sol. Y en un ejemplo bellísimo de solidaridad familiar, se iniciaba la cadena de trabajo donde cada uno tenía asignada una tarea. Mujeres y hombres. Niñas y niños. Mayores y jóvenes. Todas y todos. Mi madre con los codos llenos de sangre. Mi abuelo desjaretando el careto. Otro despiezaba al animal. Otras removían el caldo de los aliños y las especias... Unas jornadas de trabajo comunitario que desembocaban alrededor del mismo puchero, de la misma mesa. Desde las migas en los pueblos blancos a las comidas de alforxa en el valle de Hecho. Con el mismo ritual que la fiesta del cordero. La musulmana, quiero decir.

EL HIMNO DE ESPAÑA ES ANDALUSÍ

Sea por Andalucía Libre
España y la Humanidad

Himno de Andalucía

Decía Ovidio que «el amor a la patria es más patente que la razón misma». No lo niego cuando la patria son tus zapatos, tu casa o tu familia. Pero si hablamos de esta España invertebrada, lo evidente suele ser un odio irracional, un estúpido complejo de inferioridad o la indiferencia. España es una entelequia que unos aceptan como esposa y otros como amante. Y para muchos, las dos no caben en la misma cama. Quizá porque confunden el concepto de España con el que reza en las fachadas de las casas cuartel de la Guardia Civil. No les culpo. La ignorancia impuesta durante siglos sobre nuestras señas de identidad históricas, ha sido, es y será un mal endémico que seguirá generando en los españoles el «sentimiento de resistencia a serlo» del que hablaba Américo Castro. Sirva como ejemplo esa extraña repulsa hacia los símbolos del Estado, para explicar la enorme distancia que separa el corazón de la cabeza de un español.

Es normal que muchos españoles no se sientan reflejados en una bandera que resultó ganadora de un concurso naval, o en un himno sin letra plagiado de una marcha prusiana. A no ser que todo sea una mentira oficial. El himno de España es un calco a la introducción instrumental de una Nuba popular andalusí que recopiló en el siglo XI el genial pensador, médico, músico y poeta Ibn Bayya, también conocido como Avempace. Tiene una hermosa letra de amor con versos como éste: «Contemplar tu belleza vivifica mi corazón». Lo curioso es que una frase musical de esta Nuba coincide con otra de la Cantiga 42 de Alfonso X «El Sabio» del siglo XIII. Aunque la mayoría de las piezas alfonsinas están dedicadas a la Virgen María, en la Cantiga 42 aparecen la diosa Venus y un joven jugador de pelota enamorado.

Así pues, el himno de España no provendría de una marcha militar extranjera del siglo XVIII, sino de un poema de amor andalusí que cantaban por igual musulmanes, judíos y cristianos desde el siglo XI, justo cuando a los españoles empezaron a llamarnos así.

Al poco tiempo de realizar este descubrimiento, viajé a Tánger con el Club UNESCO de Córdoba. Una orquesta andalusí de Tetuán nos recibió con idénticas notas. Pero el resto de la nuba no coincidía. Al año siguiente, la Orquesta Arabesque de Tetuán actuó magistralmente en el Ateneo Popular de Almodóvar del Río, en un acto de apoyo al flamenco y la música andalusí como candidatas a ser declaradas por la UNESCO «Patrimonios Intangibles de la Humanidad». Fue mágico. Y un lujo contar con Samira Kadiri y Vicente Amigo. Como colofón pedí a la bailaora Eva González que improvisara sobre la melodía de la nuba. Y lo hizo. Y todavía me tiemblan los pulsos al recordar aquella simbiosis perfecta entre las sangres de dos tierras y de dos épocas que son la misma. La Orquesta conocía sobradamente la melodía y Samira Kadiri interpretó la Nuba sin ensayar. Lo que demuestra su extraordinaria popularidad en el norte de África. Pero inmediatamente después del comienzo con las mismas notas que el Himno de España, la canción andalusí volvió a cambiar. En el estreno del espectáculo *Rihla* en el Gran Teatro de Córdoba, ocurrió otro tanto... ¿Por qué sólo coincidían los comienzos de las Nubas?

Pedí ayuda al musicólogo andalusí Amin Chaachoo y fue él quien me explicó que se trataba de una pieza instrumental que precede a las estrofas cantadas. Curiosamente, esta hermosa introducción con las notas del actual himno de España se interpreta en el norte de África en señal de hospitalidad para el recién llegado. Resuelto el enigma: el himno de España no tiene letra porque jamás la tuvo. Procede de una estrofa instrumental andalusí, no cantada.

Así pues, el verdadero origen del Himno de España no representa al patriotismo rancio y fascista del nacional catolicismo, sino a un concepto de España laico, multicultural, humanista, pacifista y poético, con el que todos deberíamos identificarnos en pleno siglo XXI.

SEMANA SANTA

¡El entierro de Cristo...!
En el cortejo los más altos dignatarios de la Iglesia y de la ciudad...
Generalmente componen los cortejos fúnebres los matadores del difunto...

Blas Infante *(Recuerdos de la Semana Santa en Sevilla)*

Hace unos años presencié una boda en la medina andalusí de Fez. La novia con rostrillo vestía de blanco, los ojos de negro, la boca roja, las manos con *henna.* La conducían sobre unas andas desde la casa de sus padres a su nuevo hogar, después de una semana de fiestas. La subieron a un templete con el techo octogonal, idéntico a las de las vírgenes de las romerías. Una turba de músicos la acompañaron detrás mientras las mujeres se asomaban a las ventanas para arrojarle pétalos de rosa, cantarle «*suwet-thá*» (saetas) y gritarle «*yamila, yamila*» (guapa, guapa). Exactamente igual que en la Semana Santa de Sevilla. O de Triana. O del Sacromonte. En las bodas judías, a las mujeres se las cubre con un palio del mismo nombre que el sermón que pronuncia el imán los viernes: *jutba.* Benditas coincidencias.

La exposición semipública en esta expresión popular de devoción divina era una garantía de supervivencia para el morisco. Digo semipública porque recluirse bajo el velo del nazareno, permitía al converso guardar la fidelidad debida a la cofradía de hermanos católicos, y a la vez no ser visto como un traidor entre los hermanos moriscos. Para que no tiraran de la manta.

En el envés de las telas enrolladas en los canciles de las Iglesias estaban escritos los nombres de los conversos. La misma manta que cubría las andas de las imágenes y las caras de los costaleros. Los únicos que sabían el secreto de su sangre impura. La misma sangre que heredaban sus hijos. Hasta que las polillas se comían la manta y el tiempo la memoria. Muchas y muchos todavía hoy siguen descalzos al santo. Como si fueran a entrar en una Mezquita o caminar por un lugar sagrado. O en su propia casa.

En cantidad de procesiones se mantiene entre los fieles la tradición de usar máscara. Todos lo hacen con idéntica finalidad de ocultación. Y en algunos pueblos con el añadido de negar la condición judía de sus feligreses. En el valle del Genal, por ejemplo, persiguen a unos críos enmascarados a los que llaman «feos» hasta conducirlos a una taberna y obligarles a beber vino. En realidad, se intenta evitar con esta estrategia que celebren solapadamente el *Purim*. La conexión ancestral con el consumo del vino explica romerías y ferias, pero también los excesos de alcohol y alegría en los «cuarteles» de penitentes durante la Semana Santa.

La misma filosofía, entre osada y timorata, late en infinidad de costumbres populares durante el Carnaval. El preludio laico a la semana de exhibición pública de catolicismo. Algunas son reminiscencias calcadas de rituales inquisitoriales como la quema del Judas. Un muñeco de trapo relleno de porquería y ratones que emula la ejecución en efigie en los autos de fe. En cuanto que reverso y antesala de la Semana Santa, las «*carnestolendas*» permitían la crítica efímera al sistema inquisitorial sin dejar rastro ni riesgo de persecución. Unas veces porque se quemaba la prueba (fallas). Otras, porque se las llevaba el viento (murgas).

En mi pueblo la gente más humilde se viste de mascarón. Oculta su rostro por completo tras un trapo viejo, apenas agujereado en los ojos y en la boca. Se cubre con harapos. Y agarra una escoba para golpear a los vecinos que llevan la cara al descubierto. El mascarón cambia el tono de voz para no ser reconocido, afeminándolo por lo común, mientras presume a gritos de anonimato. En algunos lugares se acompañan con cubetas de agua, simulando un bautizo masivo. Porque lo fue. Los mascarones son los mismos que desfilarán después en Semana Santa embutidos en los sambenitos nazarenos.

Nadie podrá medir jamás el grado de renuncia íntima que supuso para un converso someterse a esta vejatoria disciplina. Ya era duro aceptar una religión que ordenaba realizar lo que *Allah* prohibía. Desde tomar vino a comer cerdo, pasando por adorar imágenes, caminar detrás de ellas o practicar el «*rito asquerosamente antropófago, en el que se comían descaradamente la carne de Dios hecho hombre –monstruosidad impensable en cualquier sociedad civilizada- además de beber su sangre simbolizada por una bebida alcohólica prohibida por el mismísimo Dios*» (Rodrigo de Zayas). Y aún así, tragaron. Aceptaron lo teológicamente incomprensible. Pero les costó mucho más acatar la norma humana de vestir o hablar de otra manera para ser cristianos, como si las ropas o las palabras tuvieran patria o religión.

La grandeza de la resiliencia morisca y conversa elevó a la categoría de lo sublime una humillación de esta naturaleza. Y encima, la olvidó para que no le doliera. Increíble. Envidiable. Así es el pueblo al que emocionalmente pertenezco. Capaz de transformar lo más ruin en lo más bello. Lo más detestable en lo más venerado. Qué importa a estas alturas el origen hispanomusulmán de los propios pasos de Semana Santa. Hasta ese grado de impiedad llega el intrusismo morisco. Equiparando el fervor imaginero a la ceremonia de investidura de sus reyes a los que subían a hombros a imitación de los califas andalusíes. Según sea costa o interior, con puerto o sin él, unos se cargan las andas a la nuca como los estibadores, mientras otros se las echan al hombro como arrieros y jornaleros.

La misma parafernalia se repite en las zambras con las que se felicita a los novios en las bodas gitanas. Se suben a hombros a los recién casados. Y se les canta alboreás, palo monopolizado por el pueblo gitano, con referencias recurrentes a la coronación de los reyes, a la virginidad, a la alcurnia paterna y a la bandera blanca y verde: «*En un prado verde tendí su pañuelo* (sin duda, la secuencia más repetida) *salieron tres rosas como tres luceros. ¡Qué viva el padre de la novia! Qué bien ha queao por eso a su hija la han coronao*».

Al mismo ritual se ajusta la salida de los toreros por la Puerta Grande de la plaza. Dioses humanos, asexuados, bañados en metales preciosos, Argantonios contemporáneos que caminan hacia el *Mihrab* de la Presidencia, de la luz a la oscuridad, de la vida a la muerte, atravesando el ocre del templo solar y los tres círculos concéntricos que dividen las ciudades tartesias, tocados con una testuz animal, minotauros de carne y hueso, condenados a vencer a la bestia con la fragilidad de una tela roja, del color de la sangre, para salir vivos a hombros de la muchedumbre, por exquisita decisión democrática, como reyes moriscos, como dioses de madera o vírgenes de porcelana.

LA PROPORCIÓN ANDALUZA

Escondido en los muros
Este jardín me brinda
Sus ramas y sus aguas
De secreta delicia

Luis Cernuda. *La realidad y el deseo*

Para conseguir la armonía y el equilibrio en la construcción de los edificios, en las obras de ingeniería, en las esculturas o en la composición del espacio pictórico, la cultura grecolatina utilizó la denominada «proporción áurea». Equivalente a la relación entre el lado y el radio de un decágono, su algoritmo podría traducirse gráficamente en un triángulo rectángulo con catetos de 10 y 16. Por citar un ejemplo, con esta proporción áurea dibujó su hombre perfecto Leonardo da Vinci.

No llega a medio siglo que el arquitecto Rafael de la Hoz descubriera que las construcciones emblemáticas de Córdoba no respondían a esta fórmula matemática. Ni el *Mihrab* de la Mezquita, ni la fachada de San Lorenzo, ni el pórtico del Palacio de la Merced, ni los zócalos de un patio de San Basilio, ni los voladizos de las casas de la «medina-judería». Pero su curiosidad le invitó a ir más allá y comprobó que tampoco obedecían a la regla áurea nuestras esculturas romanas, ni los exvotos tartésicos, ni los tejuelos de los libros andalusíes... Sin embargo, todas estas obras del espíritu guardaban una misma relación métrica entre sí: la existente entre el lado y el radio de un octógono, como el de la cúpula de la Mezquita, el templo de Salomón o las plantas de las iglesias templarias. Un triángulo rectángulo más achatado que el áureo, con catetos de 10 y 13. Y la llamó «proporción cordobesa».

Yo prefiero llamarla «andaluza». Humana o incluso imperfecta, en contraposición a la divina o perfecta de la dorada. Porque la nuestra equivale exactamente a la longitud de sombra que proyecta un objeto en el equinoccio de primavera. En Andalucía. A lo largo y ancho de los paralelos que espiritualmente la delimitan. La proporción andaluza es la medida luminosa de todo lo que nos rodea. Eso explica que tanto las fachadas de los palacios andalusíes como las de las casas andaluzas más humildes estén orientadas hacia el mismo sitio. De esta forma, evitamos la perpendicularidad de la luz solar en verano para ganar sombra, y aprovechamos su entrada más tumbada en invierno para ganar luminosidad. El zócalo de mi casa siempre fue azul. Y guardó esa misma proporción. Sin que mi madre jamás lo supiera.

Ahora quiero que reflexionen acerca de la sobriedad externa de estas mezquitas y palacios andalusíes. La frialdad ornamental de la casa roja (*Al Hamb-ra*). De la gran Mezquita de Córdoba. Toda la belleza habita en el interior, a imagen y semejanza del universo que se refleja en el alma de cada ser humano. Igual ocurre con el hogar del musulmán: blindado a las miradas ajenas, vergel para las propias. Agua. Colores. Flores. Luz. La vida alrededor del patio. El corazón de la casa.

Las sucesivas órdenes inquisitoriales obligaron a mantener abiertas las puertas. Especialmente viernes y sábados. La sabiduría popular solapó al cerramiento exterior unas cortinas sonoras para salvaguardar la intimidad del hogar y a la vez escuchar a quien entraba. El zaguán se convirtió así en el primer elemento arquitectónico de resistencia. Y allí se colgaban templetes de vírgenes, crucifijos o azulejos con el dios bendiga esta casa. Evidencias católicas. Para impedir que el inquisidor atravesara el umbral.

El segundo reducto de intimidad para el morisco fue el patio. El símbolo centrífugo del *din* islámico. Tomado de la arquitectura bética, el patio es el órgano multifuncional de la casa. Los ojos que la colman de luz. El pulmón que la llena de aire. La boca que la abre al mundo. Y el cordón umbilical que la une a la tierra y al agua. En definitiva, el corazón que le transfunde la vida.

Los patios andalusíes y luego moriscos son un ejemplo rabiosamente contemporáneo de inteligencia ecológica. En los arriates se solía sembrar romero. Un insecticida natural como las macetas de albahaca, la citronela o el limonero. También el azulillo de los zócalos se compone de una sustancia química que repele los insectos. En todos los patios hay una fuente. O un pozo. Agua. Y muy cerca de ella, en los extremos, la sombra de un granado o de un almezo. No es casualidad la perfecta combinación de los elementos biológicos. El peculiar fruto de estos árboles alimenta a los pájaros y evita de paso que acechen el huerto. Beben de la fuente. Y encima se les oye cantar. El equilibrio consiste en ahuyentar a lo ingrato y en atraer a lo beneficioso. En la vida. Y en la naturaleza. No se emplean plaguicidas. Ni costillas. Ni cepos. Porque la muerte de los animales no se contempla como solución, sino como problema.

LA LUZ

Diástole: mis ojos cuando lloran.
Sístole: mis ojos cuando duermen.

Ibn Abd Al-Rabbih *(Dual)*

UNA PALABRA, UNA REVOLUCIÓN
(PARA LOS QUE SE FUERON)

Voy siguiendo el ejemplo del salmón,
sólo creo en mi propia dirección y en la verdad.

Calamaro *(Mi bandera)*

Ismael Diadié es negro. Negro como una ceguera. Nació y vive en Tombuctú. En el corazón de Mali. En África. Allí custodia la biblioteca de manuscritos andalusíes más importante del mundo. Habla *songhai,* francés y español. Viste con una pieza blanca del cuello a los calcañares. Es musulmán. Y se siente andaluz porque se sabe andalusí.

A Ismael Diadié lo llaman Kati en el país de los negros. Paradójicamente, kati equivale a blanco de piel, descendiente de godos. Así es y puede probarlo. Su antepasado Alí Ben Ziyab fue expulsado de Toledo en el S. XIII. Le obligaron a abandonar su tierra y su familia acusado de protagonizar una revuelta contra los nuevos señores cristianos. Cruzó el estrecho y el desierto cargado de manuscritos y nostalgia. En mitad de ninguna parte, compró un Corán con el oro que llevaba y utilizó sus márgenes como diario del destierro. Desde entonces hasta hoy, todos sus descendientes han utilizado los márgenes de los manuscritos como una especie de registro civil y novela biográfica. Terminó su viaje en Tombuctú. Allí se emparentó con la élite gobernante. A su hijo Mahmud Kati se le considera el primer historiador del África negra. Y al amigo íntimo de su hijo, el conocidísimo y también andaluz León El Africano, el geógrafo por excelencia del continente salvaje. Con la obra de ambos arranca la época de máximo esplendor cultural de Tombuctú en la que coincidieron más andaluces. Todavía se cantan en sus mezquitas los poemas de Al Fazzazi, también llamado «il qurtubí» (el cordobés), quizá uno de los poetas más importantes de la historia medieval africana y un completo desconocido en su ciudad natal. Toda la arquitectura de la Curva del Níger está influenciada por el granadino Es Saheli. La estética de Gaudí bebe de sus fuentes hasta rayar el plagio. Y podría continuar así hasta el hartazgo.

Todos estos andaluces pertenecen a la lista de proscritos y olvidados por la memoria cautiva de España. Nadie los conoce y nadie reconoce a sus descendientes. En un gesto de reconciliación con nuestro pasado, el art. 22.1 del Código civil permite adquirir la nacionalidad española de manera preferente a los nacionales de origen de países vinculados históricamente con España: iberoamericanos, filipinos, andorranos, guineanos, portugueses. Y gracias a un Decreto franquista de 1949, también a los sefardíes. La misma dictadura que negó el pan y la sal al Estado de Israel, la misma que apoyó entonces a Palestina, concedió este justo privilegio a los hijos de judíos expulsados. Pero no hizo lo propio con los descendientes de moriscos, a los que asiste la misma razón y el mismo derecho, porque ello supondría desmentir los mitos fundacionales del Estado español. El Rey de España pidió perdón al pueblo judío por su expulsión de Sefarad en el quinientos aniversario de la toma de Granada. Y también fue concedido el Premio Príncipe de Asturias de la Concordia a las comunidades sefardíes que conservaron su memoria vinculada para siempre a España. Sefarad. Al Ándalus. Aquellos sefardíes que vivieron en Al Ándalus también eran andalusíes. No se puede reconocer a la parte y negar el todo. ¿Qué sentido tiene mantener a ultranza este silencio sobre idénticos supuestos de hecho? ¿Acaso no es evidente e injusto el agravio? ¿Por qué no conceder el mismo Premio Príncipe de Asturias a la Concordia, coincidiendo con el 400 aniversario de la expulsión, a los descendientes de aquellos hispanomulsulmanes que marcharon por la fuerza? ¿Acaso no enseñan en las escuelas de leyes que a identidad de razón, identidad de derechos?

El menor de los hijos de Elakel estudió la ESO y el bachillerato español en Tetuán. Elakel y su familia viven en Chauen. Su hijo se levanta dos horas antes que sus compañeros de edad sólo para estudiar en español, terminar una carrera en España como ya hicieron sus hermanos, y seguir manteniendo el vínculo emocional con la cultura de la que proviene su familia. Elakel lleva por apellido *Al Andalusí*. Los moriscos que residieron en Berbería no utilizaron ese término despectivo para referirse a sí mismos. Prefirieron llamarse andalusíes. Y así se les conoce desde el Atlántico al Egeo. Elakel puede demostrar su ascendencia andalusí con un viejo pergamino de compraventa que llegó a sus manos dentro de un pequeño saco de arpillera. Se lo dio su padre. Y a su padre, su abuelo. También exhibe con orgullo la llave de la casa en Granada que abandonaron y jamás olvidaron sus antepasados. Elakel admira a Lorca. Y habla, como sus hijos, perfectamente el castellano. Y el árabe. Y el francés. Y el inglés. Yo no sé árabe. Ahí radica la diferencia.

El hijo de Elakel estudiará en Granada. Y residirá de manera legal, permanente e ininterrumpida más de dos años en España. Quizá se siente a su lado un hispanoamericano. O un portugués. O un andorrano. O un filipino. O un guineano. O un sefardí. Todos hijos lejanos de la misma matria. Pero a diferencia de aquellos, el hijo de Elakel no podrá pedir la nacionalidad española. Aunque quisiera. Porque una ley injusta y una opinión manipulada se lo impide.

Equiparar jurídicamente a los descendientes de moriscos-andalusíes con los nacionales o miembros de comunidades vinculadas históricamente con España, no supone en ningún caso la concesión automática de la nacionalidad española. No sólo es imposible: es una estupidez. Y una mentira maliciosamente propalada por los integristas de ambos lados del conflicto histórico. Que un colombiano disfrute de este derecho no convierte a todos los colombianos en españoles. Para adquirir la nacionalidad española por esta vía de residencia abreviada hay que cumplir además unos requisitos objetivos y subjetivos: vivir en España de manera legal e ininterrumpida durante dos años; y querer ser español renunciando, en la mayoría de los casos, a su otra nacionalidad.

El número de personas que pudieran hacer uso de este derecho sería simbólico. Sin duda. Por comparar con la comunidad sefardí a la que más une su identidad de razón y corazón, apenas se habían concedido 57 nacionalidades españolas por residencia desde 1995 a 2002: 18 ciudadanos bosnios, 4 búlgaros, 1 canadiense, 1 croata, 1 francés, 7 israelíes, 11 marroquíes, 1 sudafricano, 7 turcos y 6 yugoslavos. Porque no basta con ser descendiente de moriscos expulsados para adquirir la nacionalidad española: hay que demostrarlo y quererlo. Esta equiparación jurídica es simbólica en sus causas y consecuencias. Sólo aspira a llenar con luz un agujero negro en el Código civil. En nuestro Derecho. Que es el marco legal de nuestras vidas.

Ismael Diadié, un negro musulmán descendiente de andalusíes, que se siente y se sabe hispano, que vive en Tombuctú para proteger de las polillas y de las guerras a la biblioteca andalusí más importante del mundo, paseando por Córdoba me dijo: «una palabra, una revolución». Con sólo añadir «moriscos», «andalusíes» o «musulmanes andalusíes», al artículo 22.1 del Código Civil llevaríamos a cabo un gesto de justicia histórica con los descendientes de nuestros antepasados exiliados, símbolo de alianza de civilizaciones, y paradigma de un modelo de convivencia intercultural, hoy más necesario que nunca.

UN CORDÓN DE PLATA
(PARA LOS QUE SE QUEDARON)

Si describo conjuntamente mi alma y mi cuerpo,
Son una familia indisoluble,
Una roca inamovible.

Ibn Wahbun *(Treno)*

Nací en 1968. En Almodóvar del Río. Córdoba. En la calle de los muertos. En la cuesta de la Cava. La judería vieja. Hoy cementerio de San Fernando. Luego viví en la calle Arco. La última calle por el sureste de la manzana de la Iglesia (antigua Mezquita) y puerta natural de la morería. Todas las casas de mi barrio estaban encaladas con zócalos en azulillo. Las puertas eran bajas. Siempre abiertas. Con cortinas sonoras. Vírgenes y Cristos en los dinteles. Escalones descendentes como pasadizos de muralla. Zaguán. Patio interior. Pozo al que llamaban árabe. Salida trasera. Macetas en los rebates. En los balcones. En las ventanas. Se hacía matanza cada invierno en los corrales. Las gallinas y los cerdos se comían los desperdicios de los vecinos en un ejercicio inigualable de inteligencia ecológica. Sobre el empedrado de las calles aprendimos a contar las estaciones del año con juegos infantiles: canicas en primavera, chapas en verano, trompo en otoño y lima en invierno. Mi padre ribeteaba los canales de los tejados con filigranas circulares tan perfectas como imposibles. Poco importaba que nadie las mirase. Mi madre nos hacía cocido los sábados mientras limpiaba cada rincón de la casa. De rodillas. Y luego nos bañaba a los cuatro hermanos por la tarde. Con la misma agua. Todas las mañanas, antes de salir el sol, las jornaleras bajaban por la esquina de la panadería con los pañuelos anudados a la cabeza. Y los hombres, al atardecer, salían solos a las tabernas a beber vino mientras ellas tomaban el fresco en la calle. En mi barrio. En la morería. Impregnado de huellas moriscas por todas partes. A pesar del tiempo. A pesar de la persecución. Y tuve que cumplir 40 años para darme cuenta.

Nací en 1968. Un año clave para la contemporaneidad occidental. Para la memoria reciente. El mayo francés. La primavera de Praga. El *black power.* The Beatles... He visto escenas de aquella época mil veces por televisión. En mis libros de colegio y bachillerato. Y sin duda me han marcado el alma para siempre. De una manera visible. Inolvidable. Sin embargo, nada leí del proceso de exterminio judeomusulmán en España. Nada. Ni nadie me habló de aquello. Nunca. Y lo tenía delante de los ojos. Olvidándose lentamente como los rezos en una mañana cualquiera de la infancia. Por eso ahora prefiero decir que nací 700 años después de la revuelta mudéjar que vació de musulmanes la Vega del Guadalquivir. El levantamiento de mi pueblo. Quizá en mi misma calle. O que nací 400 años después de la rebelión morisca en las Alpujarras. O que hoy, precisamente hoy, se cumplen 400 años del decreto de expulsión de los moriscos de la península ibérica. Y lo declaro convencido, después de haber reparado aquella herida emocional de pellejo adentro, en soledad, sintiendo como el alma morisca y mi cuerpo se fundían en una misma naturaleza. Pero consciente de que las huellas de aquel 1968 han borrado casi completamente las otras. Que lo lejano está más presente en nuestra manera de ser y actuar que lo cercano. Y que lo que se mantuvo intacto durante 400 años, ha desaparecido en menos de 40. Mis hijos ya no verán muchas de las huellas que yo vi. Y quizá, no recuerden en el futuro las pocas que ahora quedan.

Dicen que durante un viaje astral el cuerpo se separa del alma. Que te puedes mirar abajo y verte sin alma o mirar arriba y verte sin cuerpo. Y que no te mueres mientras no se rompa un cordón de plata que hilvana tu cuerpo con el alma.

Hace demasiado tiempo que el alma de Andalucía, Levante, Aragón, Cataluña, Extremadura, Algarbe y buena parte de la

Península Ibérica, vive desligada de su cuerpo. Ocultando lo que fue y simulando lo que nunca a llegó a ser. Hemos olvidado por qué nos lavamos las manos como musulmanes y por qué hacíamos sábado para no parecer judíos. Y a pesar de ello, nuestros padres y madres lo siguieron haciendo como marcas vivas de la resistencia cultural a un modo impostado y extraño de entender la vida. Sin embargo, conmigo, con mi generación, buena parte de estas huellas, de nuestra cultura más auténtica, de nuestra actitud frente a la vida, de nuestra alma, se extinguirá para siempre.

Me refiero a la cultura íntimamente ligada al modo de vida artesanal, pesquero o jornalero. A la cultura del mar y de la tierra. A la cultura de la perfección y del duende. A la cultura doméstica. Ellas y ellos custodiaron inconscientemente la memoria de aquel pueblo clandestino, morisco y converso. Fueron el cordón de plata que la mantuvo viva. Con su desaparición se extingue su cultura. Y sin él, se extingue el alma. Y sin alma, no somos nadie.

A pesar de los intentos históricos del poder político o económico para destruir la prueba de la diferencia en España, somos muchos los que en algún momento de nuestras vidas aprendimos a ver lo invisible. Porque lo leímos en una obra prohibida. O lo intuimos a partir de aquello que nos contaban nuestros padres o abuelos. Y es por eso que mantenemos la esperanza en la curación de esta epidemia de ceguera psicológica, porque la historia nos ha demostrado que siempre hubo y habrá quien defienda el revolucionario mensaje del reconocimiento aunque le cueste la muerte, la calumnia, el desprecio o la nada.

Conozco a cientos de mujeres y hombres que luchan a diario para que aprendamos a ver la evidencia de las discriminaciones que padecen. Hombres y mujeres que se dejan la piel para revelar los rescoldos de nuestro modelo cultural machista, antropocéntrico o integrista en lo religioso e ideológico. Afortunadamente, hemos cotidianizado el feminismo, el ecologismo y otros movimientos políticos o sociales que han conseguido evidenciar lo invisible. Sin embargo, aún nos comportamos como ciegos sensoriales ante otras invisibilidades igual de evidentes. Como el hombre o la mujer que puede acudir a una manifestación contra la violencia de género, porque disfruta de una criada inmigrante e ilegal que les cuida a sus hijos en casa. Están gritando en contra de lo que en el fondo practican sin darse cuenta. Y como ellos, miles.

De entre todas las invisibilidades, quizá la más sutil sea la uniformidad impuesta a modo de contexto para justificar el monopolio primermundista del bienestar. La uniformidad ecológica, social, política y cultural que nos hace a todos parecidos para terminar consumiendo los mismos programas de televisión o comprando los mismos pantalones. Desde Manila al Caribe. Desde Islandia a Nueva Zelanda. De todas ellas, sin lugar a dudas, la más cancerígena es la uniformidad cultural.

El alma de un pueblo es su identidad cultural. Y sólo las identidades culturales colectivas pueden y deben ser consideradas células madre de las identidades políticas. Así pues, bastaría con aniquilar la identidad cultural de un pueblo, matar su alma, para acabar con su potencialidad política. Esa es la razón de ser y la coartada de la globalización política y económica: promover la uniformidad cultural en el planeta, eliminar las diferencias culturales entre los pueblos, banalizarlas o convertirlas en productos de consumo, y de esta manera instaurar un único gobierno mundial tolerado por las masas. Y hacia allí vamos como pájaros pinzones a los que se les arranca los ojos para que no dejen de cantar mientras no ven lo más cercano.

No somos hombres ni mujeres burbuja, aparecidos espontáneamente en el cielo, que sólo aspiran a vivir en el aquí y en el ahora. No se puede ser universal sin ser de ningún sitio. Ni eterno sin tomar conciencia de lo que fuimos. La diversidad cultural necesita del espacio y del tiempo. Y nuestra cultura quizá sea de las más universales e intemporales del planeta. Y de las más vivas. Y de las más resistentes. A pesar de que la mayoría de las claves para comprenderlas se perdieron, aún quedan cientos de miles de evidencias invisibles de la identidad cultural morisca, andalusí y sefardí en pleno siglo XXI. En la lengua. En la religiosidad popular. En las fiestas paganas. En la comida. En la rutina diaria. Y todos guardan un elemento común: *felah-mencub.* Lo flamenco. Lo jondo. La España clandestina. La oculta por temor a la represión inquisitorial. La España del miedo. De las apariencias. De la desconfianza hacia el otro. Del trauma de la sospecha. De las secuelas señoriales de la expulsión de moriscos y sefardíes.

El morisco acabó convirtiéndose en una hipérbole de católico. La ocultación de lo que eres y la ostentación exagerada, continuada y pública de lo que no eres para seguir vivo. La conversión en cultura del instinto de supervivencia. Te ocultas hasta que olvidas. Y enseñas lo que no eres hasta creerlo verdad. Una especie de esquizofrenia cultural que empezó para evitar que el vecino te pudiera acusar de herejía. Y que ha terminado enfermando de alzheimer a todo un pueblo.

Alguien definió cultura como aquello que queda después de haber sido olvidado. Todavía moro o marrano son insultos para muchos españoles y para los académicos de la lengua. Todavía muchos españoles identifican a un musulmán o a un judío como a un extranjero. Pero fueron los descendientes de aquellos moros o marranos, más españoles que muchos de los católicos que los expulsaron o convirtieron a la fuerza, quienes custodiaron sin saberlo la memoria sensorial del exilio interior que padecieron sus padres. Por eso fracasó la expulsión. Deshumanizar no significa descivilizar. Las culturas sobreviven a las personas. Germinan en la sangre de las cosas. Hasta que son sustituidas por otras más nuevas. Sin sangre. Pescadores, jornaleros, amas de casa o artesanos, descendientes de aquellos moriscos deportados por media España que terminaron quedándose, constituyeron la reserva cultural de nuestro pasado en nuestro presente. Y sus hijos, nosotros, yo, la generación del olvido. Los hijos del consumismo globalizado. De la homogeneización planetaria. De la uniformidad cultural basada en la negación del espacio y del tiempo.

Etimológicamente, resiliencia proviene del latín *resillium* que significa *volver atrás*. A nosotros nos toca aprender a mirar hacia atrás para mirar hacia delante. Mirar al cielo con los pies en el suelo. Como en las predicciones de las cabañuelas en agosto, herederas indirectas y sincréticas del *shukot* sefardí celebrado bajo cabañas construidas en el campo, aproximadamente en las mismas fechas. Debemos ser conscientes de nuestra memoria para ser responsables de nuestro porvenir. Reubicarnos en el espacio y en el tiempo para reconocer como propias esas señales cercanas que no vemos. Esas que nos edifican de dentro afuera. Esas que nadie nos enseñó a reconocer en las calles, en las casas, en el agua, en las palabras, en el alma. Esas que llevamos dentro. Esas que negamos sin saberlo. Esas que se nos clavarían en los ojos si aprendiéramos a verlas. Como la huella morisca y conversa.

Por eso es tan importante, ahora, que tras estos siglos de sobrevivencia ignorada de nuestras señas de identidad colectiva, tú y yo, nosotros, aprendamos a evidenciar lo invisible: reconocer, comprender y recordar qué comieron nuestros padres y madres, qué cantaron, a qué jugaron, cómo se lavaron... No basta con saber el porqué. Ellos lo hicieron sin saberlo. Pero lo hicieron. Nosotros, ni eso. Decía Chesterton que *«sólo un alma es dada a cada hombre y a cada alma sólo le es dado un poco de poder: El poder, en algunos momentos, de elevarse hasta las estrellas»*. Si gracias a este breve catálogo de huellas alcanzas a reconocer parte de tu alma cautiva, por favor, emplea su poder para iluminar a los que se niegan a verla.

La huella morisca y flamenca es descomunal. Apabulla. Te aplasta. No he pretendido elaborar una lista exhaustiva ni completa de ecos y señales hispanomusulmanas en la actualidad. Ni elevar estas huellas al rango de «cultemas» como hiciera lúcidamente Jiménez Lozano. Todo lo contrario. Con un puñado de ejemplos, meramente simbólicos, he querido invitarte a pensar y sentir igual que ellos, que los nosotros de entonces, de ayer, a ejercer de cordones de plata, como una expresión contemporánea contra la deforestación cultural globalizadora. Una lucha tan legítima y justa como cualquier otra causa social, humanitaria o política. Porque no sería justo que desapareciera la explicación vivida de la tragedia humana y cultural que ha marcado para siempre nuestra historia. Como si jamás hubiera existido. Y aspiro, por qué no, a curarnos de una maldita vez del trauma.

ADDENDA

TESTIMONIO DEL MORISCO MULEY FRANCISCO NÚÑEZ (1567)

«Quando los naturales deste reyno se convirtieron a la fe de Iesu Christo, ninguna condición uvo que les obligase a dexar el ábito ni la lengua, ni las otras costumbres que tenían de regozijarse con sus fiestas, zambras y recreaciones, y para decir verdad, la conversión fue por fuerça contra lo capitulado por los señores reyes Católicos, quando el Rey Abdilehí (Boabdil) les entregó esta ciudad. Y mientras sus altezas vivieron, no hallo yo con todos mis años que se tratase de quitárselo. Después, reynando la reyna doña Juana su hija, pareciendo convenir, se mandó que dexásemos el trage Morisco, y por algunos inconvenientes que se representaron se suspendió. Y lo mesmo viniendo a reynar el Christianísimo Emperador don Carlos. Sucedió después que un hombre bao de los de nuestra nación, confiado en el favor del licenciado Polanco, oydor desta real audiencia, a quien servía, se atrevió a hazer capítulos contra los clérigos y beneficiados, y sin tomar consejo con los hombres principales que sabían lo que convenía disimular semejantes cosas, los firmó de algunos amigos suyos y los dio a su majestad A esto acudió luego por los clérigos el licenciado Pardo, abad de San Salvador del Albayzín, y a las bueltas de su descargo, informó con autoridad del prelado que los nuevamente convertidos eran Moros, y que vivían como Moros, y que convenía dar orden en que dexasen las costumbres antiguas que les impidían poder ser Christianos. El Emperador, como Christianísimo príncipe, mandó yr visitadores por todo este reyno, que supiesen como vivían los naturales dél. Hízose la visita por los mesmos clérigos, y ellos diseron los que depusieron contra ellos, como personas que sabían bien la neguilla que avía quedado en nuestro trigo, cosa que en tan breve tiempo era imp osible estar limpio. De aquí resultó la congregación de la capilla real; proveyeron se muchas cosas contra nuestros privilegios, aunque también acudimos a ellas y se suspendieron. Dende a ciertos años, don Gaspar de Ávalos siendo Arzobispo de Granada, de hecho quiso quitarnos el ábito, començando por los de las arcarías, y trayendo aquí algunos de Güejar so brillo, el presidente que estava en el lugar que está agora vuestra señoría, y los oydores desta audiencia, y el marqués de Mondejar, y el corregidor, se lo contradijeron, y paró por las mesmas razones. Y desde el año de mil y quinientos y cuarenta se a sobreseydo el negocio, hasta que agora los mesmos clérigos an buelto a resucitarlo, para molestarnos por tantas vías a un tiempo. Quien mirare las nuevas premáticas por defuera, parecerá le cosa fácil de cumplir, mas las dificultades que traen consigo son muy grandes, las quales diré a vuestra señoría por estenso, para que compadeciéndose deste miserable pueblo, se apiade dii con amor y caridad, y le favorezca con su majestad, como lo an hecho siempre los presidentes pasados. Nuestro ábito quanto a las mugeres, no es de Moros; es trage de provincia, como en Castilla y en otras partes se usa difrrenciarse las gentes en tocados, en sayas y en calçados. El vestido de los Moros y Turcos, ¿quién negara sino que es muy diferente del que ellas traen? Y aún entre ellos mesmos diferencian, porque el de Fez no es como el de Tremecén, ni el de Túnez como el de Marruecos, y lo mesmo es en Turquía y en los otros reynos. Si la seta de Mahoma tuviera trage proprio, en todas partes avía de ser uno, pero el ábito no haze al monge. Vemos venir los Christianos, clerigos y legos de Siria y de Egizpto, vestidos a la Turquesca con tocas y cafetanes hasta en pies, hablan Arábigo y Turquesco, no saben Latín ni Romance, y con todo esso son Christianos. Acuérdome, y avrá muchos de mi tiempo que se acordarán que en este reyno se a mudado el ábito diferente de lo que solía ser, buscando las gentes trage limpio, corto, liviano y de poca costa, tiñendo el lienço y vistiéndose dello. Ay muger que con un ducado anda vestida, y guardan las ropas de las bodas y plazeres para los tales días, heredandolas en tres y quatro herencias. ¿Siendo pues esto ansí qué provecho puede venir a nadie de quitarnos nuestro debito? ¿Que bien considerado tenemos comprado por mucho número de ducados con que emos servido en las necesidades de los Reyes pasados, por qué nos quieren hazer perder más de tres millones de oro que tenemos empleado en él? ¿Y destruyr a los mercaderes, a los tratantes, a los plateros y a otros oficiales que viven y se sustentan con hazer vestidos, calçado y joyas a la morisca? ¿Si dozientas mil mugeres que ay en este reyno, o más, se an de vestir de nuevo de pies a cabeza, qué dinero les bastara? ¿Qué pérdida será la de los vestidos y joyas moriscas que an de deshacer y echar a perder? Porque son ropas cortas hachas de gírones y pedaços que no se pueden aprovechar sino para lo que son, y para eso son ricas y de mucha estima. Ni aún los tocados podrán aprovechar, ni el calçado. Veamos la pobre muger que no tiene con que comprar saya, manto, sombrero y chapines, y se pasa con unos çaragueles y una alcandora de angeo teñido, y con una sávana blanca, ¿qué hará? ¿De qué se vestiría? ¿De dónde sacarán el dinero para ello? Pues las rentas reales que tanto interesan en las cosas moriscas, donde se gasta un número infinito de seda, oro y aljofar, ¿por qué an deperderse? Los hombres todos andamos a la Castellana, aunque por la mayor parte en ábito pobre; si el trage hiziera seta, cierto es que los varones avían de tener más cuenta con ello que las mugeres, pues lo alcanzaron de sus mayores viejo y sabios. E oydo decir muchas vezes a los ministros y prelados que se haría merced y favor a los que se vistiesen a la Castellana, y hasta agora, de quantos lo an hecho, que son muchos, ninguno veo menos molestado ni más favorecido. Todos somos tratados igualmente. Si a uno hallan un cuchillo, échanle en galera, pierde su hazienda en pechos, en cohechos y en condenaciones. Somos perseguidos de la justicia eclesiástica y de la seglar, y con todo eso siempre tea les vasallos, y obedientes a su Majestad, prestos a servirle con nuestras haziendas. Jamás se podrá dezir que ayamos cometido traylción desde el día que nos entregamos.

Quando el Albaycín se alborotó, no jite contra el rey sino a favor de sus firmas, que teníamos en veneración de cosa sagrada. No estando la tinta enxuta, quebrantaron los capítulos de las pazes las justicias, prendiendo las mugeres que venían de linaje de Christianos, para hazerles que lo friesen por la fuerça. Veamos, señor, en las comunidades, ¿levantáronse los deste reyno? Por cierto a favor de su majestad acompañaron al marqués de Mondejar, y a don Antonio y don Bernardino de Mendoza, sus hermanos, contra los comuneros, don Hernando de Córdova el Ungí y Diego López Hazera con más de cuatrocientos hombres de guerra de nuestra nación, siendo los primeros que en toda España tomaron armas contra los comuneros. Y don Juan de Granada, hermano del rey Abdilehí (Boabdil) también fue general en Castilla de los reales; trabajó y apaziguó lo que pudo, y hizo lo que devía a buen vasallo de su majestad. lusto es pues que los que tanta lealtad an guardado sean favorecidos y onrados, y aprovechados en sus haziendas, y que vuestra señoría los favorezca, honre y aproveche como lo an hecho los predecesores que an presidido en este lugar.

Nuestras bodas, zambras y regocijos, y los plazeres de que usamos, no impide nada al ser Christianos, ni se cómo se puede decir que es ceremonja de Moros. El buen Moro nunca se hallaba en estas cosas tales, y los alfaquís se salían luego que començaban las zambras a tañer, o cantar, y aún quando el Rey Moro y va fiera de la ciudad atravesando por el Albaycín, donde avía muchos cadís y alfaquís que presumían ser buenos Moros, mandava celar los instrumentos hasta salir a la puerta de Elusia (*quizá Elvira*), y les tenía este respeto. En África, ni en Turquía, no hay estas zambras; es costumbre de provincia, y si fuesse ceremonia de seta, cierto es que todo avía de ser de una mesma manera. El Arzobispo (*Hernando de Talavera*) santo tenía muchos alfaquís y mentís amigos, y aún asalariados, para que le informasen de los ritos de los Moros, y si viera que lo eran las zambras, es cierto que las quitara, o a lo menos no se preciara tanto dellas, porque holgava que acompañasen el santísimo en las procesiones del día de Corpus Christi y de otras solemnidades, donde concurrían todos los pueblos a porfia unos de otros qual mejor zambra sacava. Y en la Alpujarra, andando en la visita, quando dezía missa cantada, en lugar de órganos, que no los avía, respondían las zambras, y le acompañaban de su posada a la iglesia. Acuérdome que quando en la misa se volvía al pueblo, en lugar de Dominus boviscum, decía en Arábigo: y barasicun, y luego respondía la zambra (*qué son hoy las misas rocieras*)

Menos se hallará que alheñarse las mugeres sea cerimonia de Moros, sino costumbre para limpiarse las cabezas, y porque saca cualquier suciedad dellas, y es cosa saludable, y sí se ponían encima agallas, era para teñir los cabellos y hazer labores que parezían bien. Esto no es contra la fe, sino provechoso a los cuerpos, que aprieta las carnes y sana enfermedades. Don fray Antonio de Guevara, siendo Obispo de Guadix, quiso hazer trasquilar las cabezas de las mugeres de los naturales del marquesado del Zenete, y rasparles la alheña de las manos, y viniéndose a quexar al presidente y oydores, y al marqués de Mondéjar, se juntaron luego sobre ello y proveyeron un receptor que le frese a notificar que no lo hiziese, por ser cosa que hazía muy poco al caso para lo de la fé.

Veamos, señor, hazernos tener las puertas de las casas abiertas, ¿de qué sirve? Libertad se da a los ladrones para que hurten, a los livianos para que se atrevan a las muge res, y ocasión a los alguaciles y escrivanos para que con achaques destruyan la pobre gente. Si alguno quisiere ser Moro y usar de los guadores y ceremonias de Moros, ¿no podría hazerlo de noche? Si, por cierto, que la seta de Mahoma soledad requiere, y recogimiento. Poco haze al caso cerrar o abrir la puerta al que tuviere la intención dañada. El que hiziere lo que no debe, castigo ay para él, y a Dios nada es oculto. ¿Podrase pues averziuar que los baños se hazen por ceremonia? No, por cierto. Allí se junta mucha gente, y por la mayor parte son los bañeros Christianos. Los baños son minas de inmundicias; la ceremonia, o rito del Moro requiere limpieza y soledad. ¿Cómo an de yr a hazerla en parte sospechosa? Formáronse los baños para limpieza de los cuerpos, y decir que se juntan allí las mugeres con los hombres es cosa de no creer, porque donde acuden tantas, nada avría secreto. Otras ocasiones de visitas tienen para poderse juntar, quanto más que no entran hombres donde ellas están. Baños uvo siempre en el mundo, por todas las provincias, y si en algún tiempo se quitaron en Castilla, fue porque debilitavan las fuerças y los ánimos de los hombres para la guerra. Los naturales deste reyno no an de pelear, ni las mugeres an menester tener fiserças, sino andar limpias. Si allí no se lavan, en los arroyos, y fuentes y ríos, ni en sus casas tampoco lo pueden hazer, que les está defendido, dónde se an de yr a labar? Que aún para yr a los baños naturales por vía de medicina en sus enfermedades les a de costar trabajo, dineros y pérdida de tiempo en sacar licencia para ello.

Pues querer que las mugeres anden descubiertas las caras, qué es sino dar ocasión a que los hombres vengan a pecar, viendo la hermosura de quien suelen aficionarse, y por el consiguiente las fras no abrá quien se quiera casar con ellas. Tápanse porque no quieren ser conocidas como hazen las Christianas, es una honestidad para escusar inconvenientes, y por esto mandó el Rey Católico que ningún Christiano descubriese el rostro a morisca que frese por la calle, so graves penas. Pues siendo esto ansí, y no aviendo ofensa en cosas de la fé, ¿por qué an de ser los naturales molestados sobre el cubrir o descubrir de los rostros de sus mugeres?

Los sobrenombres antiguos que tenemos son para que se conozcan las gentes, que de otra manera perderse yan las personas y los linajes. ¿De qué sirve que se pierdan las memorias? Que bien considerado aumentan la gloria y ensalzamiento de los Católicos Reyes que conquistaron este reyno. Esta intención y voluntad Jite la de sus altezas, y del Emperador, que está en gloria, para éstos se sustentan los ricos alcázares de la Alambra y otros menores en la mesma forma que estavan en tiempo de los reyes Moros, por que siempre manifistasen su poder por memoria y trofeo de los conquistadores.

Echar los Gazís deste reyno, justa y santa cosa es, que ningún provecho viene de su comunicación a los naturales, mas esto se aproveydo otras vezes y jamás se cumplió. Ejecutarse agora no dexa de traer inconvenientes, porque la mayor parte delios son ya naturales, casarones, nacieron les hijos y nietos, y tienen los casados, y estos tales sería cargo de conciencia echarlos de la tierra.

Tampoco ay inconveniente en que los naturales tengan negros. ¿Estas gentes no an de tener servicios? ¿An de ser todos iguales? Decir que crece la nación morisca con ellos, es pasión de quien lo dize, porque aviendo informado a su majestad en las cortes de Toledo que avía más de veinte mil esclavos negros en este reyno en poder de naturales, vino aparar en menos de cuatrocientos, y al presente no ay cien licencias para poder los tener. Esto salió también de los clérigos, y ellos an sido después los abonadores de los que los tienen, y los que an sacado interés dello.

Pues vamos a la lengua Arábiga, que es el mayor inconveniente de todos: ¿cómo se a de quitar a las gentes su lengua natural con que nacieron y se criaron? Los Egypcios, Surianos, Malteses y otras gentes Christianas, en Arábigo hablan, leen y escriven, y son Christianos como nosotros, y aún no se hallará que en este reyno se aya hecho escritura, contrato ni testamento en letra arábiga desde que se convirtió. De aprender la lengua Castellana todos lo deseamos, mas no es en manos de gentes. Quantas personas avrá en las villas y lugares fiera desta ciudad y dentro della, que aún su lengua Árabe no la aciertan a hablar sino muy diferente unos de otros, formando acentos tan contrarios que en sólo oyr hablar un hombre Alpuxarreño se conoce de qué Taha es. Nacieron y criáronse en lugares pequeños donde jamás se a hablado el Aljamía, ni ay quien la entienda sino el cura o el beneficiado o el sacristán; y éstos hablan siempre en Arábigo. Dificultoso será, y casi imposible que los viejos la aprendan en lo que les queda de vida, quanto más en tan breve tiempo como son tres años, aunque no hiciesen otra cosa sino yr y venir a la escuela. Claro está ser éste un artículo inventado para nuestra destrucción, pues no aviendo quien enseñe la lengua Aljamía, quieren que la aprendan por fuerça, y que dexen la que tienen tan sabida, y dar ocasión a penas y achaques, y a que viendo los naturales que no pueden llevar tanto gravamen, de miedo de las penas dexen la tierra y se vayan perdidos a otras partes y se hagan monfies. Quien esto ordenó con fin de aprovechar, y para remedio y salvación de las almas, entienda que no se puede dexar de redundar en grandíssimo daño, y que es para mayor condenación. Considérese el segundo mandamiento, y amando al próximo, no quiera nadie para otro lo que no querría para sí, que si una sola cosa de tantas como a nosotros se nos ponen por premática, se dixese a los Christianos de Castilla o de la Andaluzía, morirían de pesar, y no se lo que se harían. Siempre los presidentes desta audiencia jicieron en favorecer y amparar este miserable pueblo; si de algo se agraviavan, a ellos acudían, y remediávanlo como personas que representavan la persona real, y deseavan el bien de sus vasallos. Eso mesmo esperamos todos de vuestra señoría. ¿Qué gente ay en el mundo más vil y baxa que los negros de Guinea? ¿Y consiénteles hablar, tañer y baylar en su lengua por darles contento? No quiera Dios que lo que aquí he dicho sea con malicia, porque mi intención a sido y es buena. Siempre e servido a Dios nuestro señor, y a la corona real, y a los naturales de este reyno, procurando su bien. Esta obligación es de mi sangre, y no lo puedo negar, y más a de sesenta años que trato de estos negocios. En todas las ocasiones e sido uno de los nombrados. Mirándolo pues todo con ojos de misericordia, no desampare V señoría a los que poco pueden contra quien pone toda la fuerça de la religión de su parte. Desengañe a su Majestad. Remedie tantos males como se esperan, y haga lo que es obligado a cavallero Christiano, que Dios y su majestad serán dello muy servidos, y este reyno quedará en perpetua obligación.

DECLARACIÓN DE CHAUEN
(31 DE OCTUBRE DE 2006)

Los asistentes al II Encuentro Internacional de Educación y Cultura sobre Alianza de Civilizaciones, celebrado en la ciudad de Chauen entre los días 30 de octubre y 1 de noviembre de 2006, acordaron respaldar la iniciativa presentada por el Prof. Dr. Antonio Manuel Rodríguez Ramos (Derecho Civil, Universidad de Córdoba), relativa al derecho preferente de adquisición de la nacionalidad española para quienes acrediten la condición de descendientes de moriscos o andalusíes expulsados, en las mismas condiciones legales establecidas para los sefardíes y los nacionales de origen de países con una indeleble vinculación histórica y cultural con España.

Aunque han existido propuestas semejantes (una enmienda a la ley de reforma de la nacionalidad en 2002, y muy especialmente las cartas dirigidas al Rey D. Juan Carlos I por el Prof. Ben Azzuz Hakim), la iniciativa que hoy se respalda surgió en el Curso de Verano titulado *«De Córdoba a Tombuctú: viaje del pasado al presente de la identidad cultural andalusí»*, codirigido por el ponente de esta declaración, organizado por la Universidad de Córdoba, y patrocinado por la Fundación Tres Culturas del Mediterráneo, la Cátedra UNESCO de Resolución de Conflictos Internacionales, en colaboración con el Club UNESCO de Córdoba y la Oficina para la Capital Cultural Europea «Córdoba 2016». Sus conclusiones, elaboradas y suscritas el 21 de julio de 2006, *«recomiendan a las administraciones competentes que tomen las iniciativas oportunas para procurar la repatriación sentimental y jurídica de los descendientes de los andalusíes expulsados, concediéndoles el mismo derecho que a los sefardíes para adquirir preferentemente la nacionalidad española como símbolo de justicia histórica, alianza de civilizaciones, y paradigma de un modelo de convivencia intercultural, hoy más necesario que nunca».*

El escrito se presentó oficialmente al Consejero de la Presidencia de la Junta de Andalucía por el Presidente de la Junta Islámica de España, Mansur Escudero (en calidad de comisionado del curso), y posteriormente fue elevado al Parlamento andaluz como Proposición no de Ley por el G.P Izquierda Unida Los Verdes-Convocatoria por Andalucía, a través de su portavoz parlamentaria Concha Caballero, el 6 de septiembre de 2006, siendo calificada favorablemente y admitida a trámite (7-06/PNLP-0000065 BOPA nº 519, de 2 de octubre de 2006). En su Exposición de Motivos se propone añadir el término «andalusíes» a la segunda excepción del art. 22.1 del Código Civil español. De esta forma, bastarían dos años de residencia legal, continuada, ininterrumpida e inmediatamente anterior a la petición de la nacionalidad española, para que pudieran adquirirla los nacionales de origen de países iberoamericanos, Andorra, Filipinas, Guinea Ecuatorial o Portugal, sefardíes o andalusíes.

Se trata de una medida doblemente simbólica: tanto por su indudable trascendencia sentimental (al reparar con una sola palabra un agravio histórico de siglos); como por su probable incidencia testimonial en la práctica migratoria (debido a los requisitos legales de residencia y sobre todo de acreditación que deberá reunir el solicitante). Para solventar estos y otros problemas similares, el II Encuentro Internacional de Educación y Cultura sobre Alianza de Civilizaciones recomienda la formación de un Grupo de Expertos que estudie jurídicamente las condiciones legales de concesión, tomando como referente por analogía los criterios relativos a la condición sefardí contenidos en el Decreto de 29 de diciembre de 1948, la Instrucción de 16 de mayo de 1983 (BOE nº 120 de 20 de mayo de 1983) y otras Resoluciones sobre el particular de la Dirección General de los Registros y del Notariado. La naturaleza meramente indiciaria de los apellidos del peticionario, unida a la dificultad y la casuística probatoria de una condición personal de raíz histórica como ésta, obligará a la creación de una Oficina Pública para la Acreditación de la Condición Morisco-Andalusí.

Convencidos de que el azul andalusí del lugar donde se firma esta declaración ejercerá como talismán para convertirla en realidad, se firma la presente en Chauen, el 31 de octubre de 2006.

Gracias a Javier Ibarra,
fiel compañero de viaje desde Chauen.
A Marta y Elena, por el aliento.
A Sebastián de la Obra, por todo.
Y a Elia, siempre.

Almodóvar del Río, 12 de octubre de 2009.